Einfach richtig schreiben mit Clown Charlie 3

Erarbeitet von
Dr. Ute Spiegel, Augsburg
Sabine Seitz, Friedberg

Beratung von
Beate Eckert-Kalthoff, München
Dr. Simone Hell, Ulm

Ernst Klett Verlag
Stuttgart • Leipzig

Themen/Inhalte

1 Vergleicht die Schriften der Kinder und des Clowns. Was fällt euch auf? Erklärt.

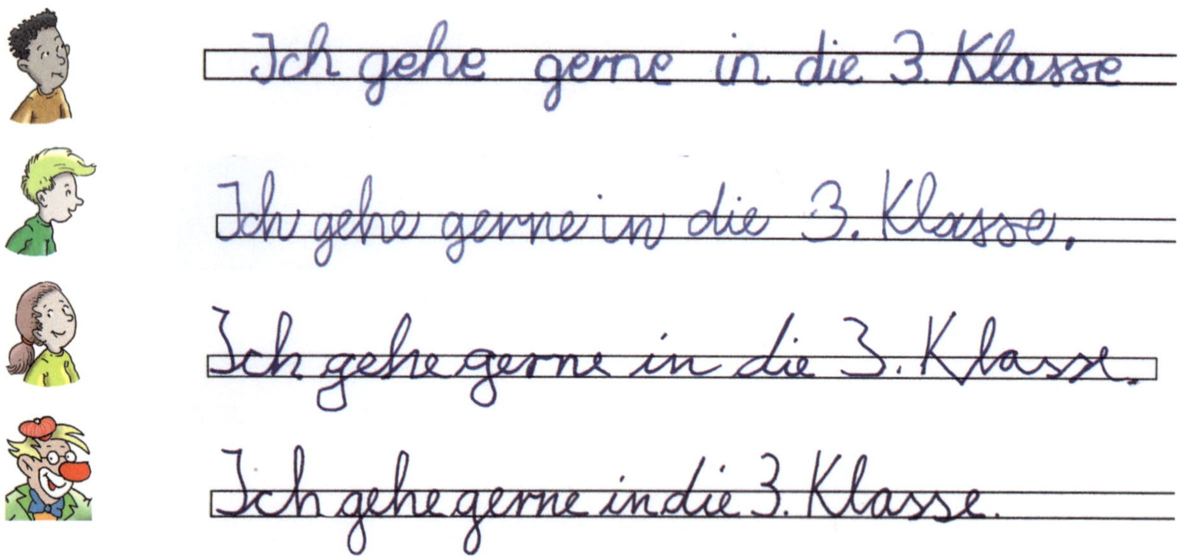

2 Schreibe den Satz aus Aufgabe 1 in deiner schönsten Schrift.

3 Bist du mit deiner Schrift zufrieden? ☐ ja ☐ nein

4 Untersuche deine Schrift. Kreuze an, was stimmt.

Ich schreibe gleichmäßig in eine Richtung.	☐ ja ☐ nein
Die Länge der Buchstaben oben und unten ist gleich.	☐ ja ☐ nein
Alle Buchstaben sind eindeutig lesbar.	☐ ja ☐ nein

5 Was möchtest du an deiner Schrift verbessern?

Arbeitstechnik: zeilengenau und gleichmäßig in die Lineatur der Klasse 3 schreiben, auf gute Lesbarkeit achten; eigene Handschrift einschätzen und Vorsätze zur Entwicklung einer formschönen und flüssig geschriebenen Handschrift fassen

1 Stimmt ihr Tom zu oder nicht? Begründet.

2 Decke die dritte Spalte ab, bevor du beginnst. Welcher Buchstabe könnte es sein? Kreuze an.

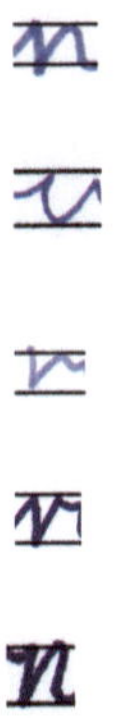

	n r p v		So schreibe ich sauber
	☐ ☐ ☐ ☐	einen	
	☐ ☐ ☐ ☐	Larven	
	☐ ☐ ☐ ☐	reden	
	☐ ☐ ☐ ☐	Kurve	
	☐ ☐ ☐ ☐	gerne	

3 Vergleiche den Buchstaben mit dem Wort. Welcher Buchstabe ist es? Kreise ihn ein. Schreibe das Wort in die vierte Spalte.

4 Übe für deine Schrift.

Lockere Hand:

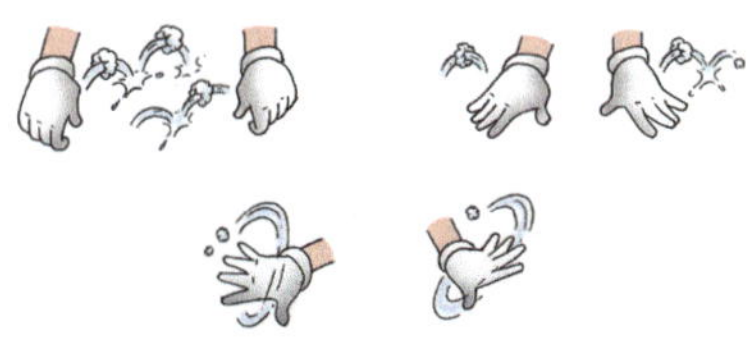

Schreibflüssigkeit:

5 Übe alle schwierigen Verbindungen fünfmal. Welche ist am schwierigsten für dich? Kreuze an.

☐ rn ☐ ru ☐ on ☐ an ☐ le ☐ be ☐ re ☐ ve ☐ un

Arbeitstechnik: Buchstaben in der verbundenen Schrift eindeutig lesbar und gleichmäßig schreiben, das eigene Schreiben bewusst wahrnehmen und ggf. selbstständig korrigieren

Wörter und Sätze: Fehlerloses Abschreiben

So schreibst du Wörter genau ab:

- Lies das Wort. Sprich es in Silben.
- Markiere schwierige Stellen.
- Teile Sätze in Abschnitte ein.
- Schreibe das Wort oder den Abschnitt auswendig auf.
- Kontrolliere mit der Vorlage.

1 Markiere die schwierigen Stellen und schreibe die Wörter ab.

erzählen | Käfer | Christ | vielleicht | Handy | wahr | Skizze

Jahr | zehn | Verwandtschaft | Laib | Text | Märchen | Stadt

2 Setze bei den Wörtern aus der Fantasiesprache Silbenbögen und markiere die schwierigen Stellen.

Auf einer bunten Wiedaluka
lebt ein gelber Punulaka.

Er hat eine kliefe Nase
und zwei kuße Augen.

Heute macht er einen Pruddelkromm
und einen Lahnebläu.

Da lachen alle Schuller.

3 Schreibe die Fantasiewörter aus Aufgabe 2 ab.

4 Teile die Sätze aus Aufgabe 2 in Abschnitte und schreibe den ganzen Text ab.

5 Übersetzt die Fantasiewörter in richtige Sprache und schreibt die Geschichte neu auf. Tauscht euch in der Klasse aus.

Arbeitstechnik: routiniert, zügig und fehlerlos von einer Vorlage abschreiben; Text nach einem Muster verfassen

1 Könnt ihr das Alphabet? Sagt es auswendig auf, einmal langsam, einmal schnell.

A B C D **E** F G H **I** J K L M N **O** P Qu R S T **U** V W X Y Z

2 Ergänze den fehlenden Buchstaben.

B/b oder **P/p**?	**D/d** oder **T/t**?	**G/g** oder **K/k**?
___rief	___raußen	___räftig
___lötzlich	___rinken	___latt
___latz	___ragen	___äfig
___ald	___rinnen	___eben

3 Ordne die Wörter nach dem zweiten oder dritten Buchstaben.
Markiere den Buchstaben farbig, nach dem du die Wörter ordnest.

Flasche	sagen	genau
Finger	sehen	gehören
fahren	schlecht	Geschichte

4 Ergänze: **F** oder **V**? Wenn du zweifelst, schlage nach und gib die Seite aus dem Wörterbuch an.

___ernseher	___ogel	___ater	___luss	___uß
S.: ______	S.: ______	S.: ______	S.: ______	S.: ______

5 Ergänze: **K** oder **C**? Wenn du zweifelst, schlage nach und gib die Seite aus dem Wörterbuch an.

___lown	___äfer	___larinette	___omputer	___lavier	___reme
S.: ______	S.: ______	S.: ______	S.: ______	S.: ______	S.: ______

A B C D **E** F G H **I** J K L M N **O** P Qu R S T **U** V W X Y Z

1 Kannst du dich erinnern? Ergänze.

Die gelben Buchstaben heißen ______________.

Die grauen Buchstaben heißen ______________.

2 Ordne die Wörter nach dem Alphabet.

Käfer 3 | Tor 7 | Hals 2 | Mensch 5 | Glück 1 | Sache 6 | Zunge 8 | Löwe 4

3 Markiere bei den Wörtern aus Aufgabe 2 die Vokale und die Umlaute.

4 Markiere die Vokale. Ordne die Wörter in die Tabelle.

Hase | schwarz | Spruch | Ananas | Tomate | Storch | Pfiff | Banane | Rose | Strumpf

Anzahl Vokale = Anzahl Konsonanten	nur ein Vokal, viele Konsonanten

5 Suche Wörter, die mit mehr als drei Konsonanten beginnen oder Wörter mit drei Vokalen nebeneinander: Schwester, Seeufer

Vertiefen: Vokale, Umlaute und Konsonanten benennen, unterscheiden, Wörter nach Alphabet ordnen; Konsonanten- und Vokalcluster thematisieren; Umgang mit dem Wörterbuch

1 Sprich die Wörter deutlich und in Silben.
Wenn du eine Pause machst, zeichne einen Strich ein.

Stun|de | Geschichte | Käfer | gerade | reiten

gehören | plötzlich | Nase | Schüler | Mädchen

2 Schreibe die Wörter aus Aufgabe 1 ab und setze die Silbenbögen.

3 Setze die Silbenbögen.

Bär | Krokodil | Hase | Papagei | Löwe

Glühwürmchen | Eule | Pfau | Gnu | Kamel

4 Trage die Wörter aus Aufgabe 3 in eine Tabelle ein.
Markiere die Vokale, Umlaute und Zwielaute.

1 Silbe	2 Silben	3 Silben

5 Vergleicht, was ihr markiert habt. Was fällt euch auf?

Jede Silbe hat entweder einen Vokal: ______________________,
einen Umlaut: ______________________ oder einen Zwielaut:
______________________. Sie bilden jeweils den Silbenkern.

6 Ein Wort passt nicht in die Reihe.
Streicht es durch und begründet.

Tomate | Ananas | Banane | Gurke

Vertiefen: Silbengrenzen erkennen, Wörter silbisch durchgliedern; Vokale, Umlaute und Zwielaute als Silbenkerne erkennen;
Sprache untersuchen und begründen: „Einer raus“ (Ko-Konstruktion)

1 Schreibe die Wörter in beiden Spalten getrennt auf.
Markiere in jeder ersten Silbe den Vokal und die Konsonanten.

Vokal in der 1. Silbe	offene 1. Silbe		geschlossene 1. Silbe	
a	Spaten	Spa-ten	Spalte	Spal-te
e	reden		Reste	
ie/i	Riese		Rinde	
o	Vogel		folgen	
u	rufen		Runde	
ö	hören		Hölzer	
ü	Rübe		rüsten	

2 Vergleicht die jeweils ersten Silben und den Klang der Vokale darin.
Was fällt euch auf?

3 Was hast du herausgefunden? Kreuze an.

- ☐ Die offene Silbe endet mit einem Vokal. Dieser klingt lang, klar und deutlich.
- ☐ Die Vokale klingen in der offenen und in der geschlossenen Silbe gleich.
- ☐ Die geschlossene Silbe endet mit einem Konsonanten.
- ☐ Der Vokal in der geschlossenen Silbe klingt kurz und undeutlich.

Sprache untersuchen (Ko-Konstruktion): Unterscheidung offene und geschlossene erste Silbe, Vokale und Konsonanten unterscheiden, Klangqualität gleichgeschriebener Vokale unterscheiden

1 Setze die Silbenbögen. Markiere in jeder ersten Silbe die Vokale und die Konsonanten.

haben | Feder | binden | rosten | Rose

Felsen | Stunde | handeln | Stufe | Biene

2 Schreibe die Wörter aus Aufgabe 1 getrennt in eine Tabelle. Markiere die Vokale in der ersten Silbe.

Vokal in der 1. Silbe	offene 1. Silbe	geschlossene 1. Silbe
a		

3 Schreibe mit Wörtern aus Aufgabe 1 drei Sätze.

4 Setze die Silbenbögen. Ist die jeweils erste Silbe offen oder geschlossen?

heute | laufen | häufig | schreiben

Wörter mit Zwielauten haben immer eine ______________ erste Silbe:
Rei-che Leu-te kau-fen Bäu-me.

5 Was haben die Wörter gemeinsam? Worin unterscheiden sie sich? Erklärt.

schulden und Schulen

gütig und gültig

Üben: Klangqualität gleichgeschriebener Vokale in offener und geschlossener erster Silbe unterscheiden; erste Silbe in Wörtern mit Zwielauten als offen erkennen; Sprache untersuchen und begründen: Wörter vergleichen (Ko-Konstruktion)

1 Vergleicht Brot mit Brote . Erklärt.

Wenn ich bei einsilbigen Wörtern wissen will, ob eine Silbe offen oder geschlossen ist, verlängere ich das Wort: *Bro**t*** → *Br**o**-te*.

2 Unterstreiche die Wörter, die du zuerst verlängern musst.

Arm	Berg	Zwiebel	Dorf	Brief
Erde	Tür	Stein	Licht	Schaf

3 Verlängere die unterstrichenen Wörter aus Aufgabe 2 und schreibe sie geordnet auf.

offene 1. Silbe	geschlossene 1. Silbe

4 Verlängere die Wörter und schreibe sie getrennt auf.

reich		stark		schwer	
steil		kurz		schlecht	

5 Verlängere die Wörter und schreibe sie getrennt auf.
Zu welcher Wortart gehören sie? ____________

er ruft		er lernt		er weint	
er turnt		er zielt		er wünscht	

Verlängern als Strategie zum Erlangen rechtschriftlicher Sicherheit bei einsilbigen Wörtern gezielt anwenden

1 Setze die Silbenbögen und ordne die Wörter nach der zweiten Silbe.

Nadel | Raupe | Richter | Bruder | Ende | Nebel
Körper | Tante | Winter | Onkel | Blüte | Wolke
Pinsel | Vogel | Schwester

Konsonant + **e**	Konsonant + **er**	Konsonant + **el**

2 Beschreibt die zweite Silbe genau. Was fällt euch auf?

3 Was hast du herausgefunden? Kreuze an, was stimmt.

In der zweiten Silbe ist genau ein ☐ Vokal. ☐ Konsonant.
In der zweiten Silbe ist meist ein ☐ **a**. ☐ **e**.
Die zweite Silbe beginnt mit einem ☐ Konsonanten. ☐ Vokal.
In der zweiten Silbe steht das **e** an der ☐ ersten Stelle. ☐ zweiten Stelle.

4 Schreibe die Verben getrennt auf. Wie sieht die zweite Silbe aus?

steigen | merken | werfen | weinen | laufen | schieben
schenken | reiten | helfen | suchen | geben | zielen
lieben | lesen | rufen

Vertiefen: zweite Silbe von Nomen und Verben; Sprache gezielt untersuchen und Schlüsse ziehen: regelmäßiges Aussehen der zweiten Silbe anhand von Wörtern aus dem Grundwortschatz erkennen (Ko-Konstruktion)

1 Sprecht und untersucht die Wörter. Was ist bei allen gleich?

Beim Sprechen höre ich das **h** nicht. Beim Schreiben beginnt die zweite Silbe mit dem Konsonanten **h**, dann folgt der Vokal **e**: *Schu-**h**e, ich ge-**h**e.*

2 Verbinde die einsilbige und zweisilbige Form. Schreibe jeweils beide Formen auf.

blühen	drehen	gehen	Kühe	Schuhe	stehen	Zehen
sie geht	es blüht	er dreht	Schuh	Kuh	Zeh	sie steht

3 Markiert bei den Wörtern aus Aufgabe 2 das **h**. Was fällt euch auf?

4 Was hast du herausgefunden? Kreuze an.

- ☐ Das **h** bleibt auch in der einsilbigen Wortform erhalten.
- ☐ Das **h** ist in beiden Wortformen.
- ☐ Die zweite Silbe beginnt mit einem **h**.

5 Wähle Wörter aus Aufgabe 2 und schreibe mit ihnen kurze Sätze.

Silbentrennendes h: Diskrepanz zwischen Klang und Schreibung von Wörtern mit silbentrennendem h aus dem Grundwortschatz kennenlernen; Sprache gezielt untersuchen: in ein- und zweisilbiger Form (Ko-Konstruktion)

Silben: Trennung am Zeilenende

Sensation
Im fernen A
laska fand ein A
merikaner einen
einsamen E
sel. Das arme Tier
stand vor einem I
glu und fror. Woher
kam es nur?

Am Zeilenende trenne ich nie einen Vokal oder Umlaut alleine ab. Das behindert das flüssige Lesen.

1 Sprich die Wörter in Silben. Setze die Silbenbögen.

Ameise | Igelkinder | Elefant | oben | üben | Abendkleid | Esel | Oma

2 Schreibe die Wörter aus Aufgabe 1, die du trennen kannst, richtig getrennt auf.

Amei-se,

3 Markiere mit Bleistift bei allen Wörtern die Stellen, an denen du trennen kannst.

Ei|ne Ameise trifft einen Elefanten. „Ich habe mir den Fuß verstaucht. Kannst du mich ein Stückchen tragen?“ Der Elefant trägt die Ameise zum Ameisenhaufen. Zum Abschied sagt die Ameise: „Das nächste Mal trage ich dich heim!“

4 Schreibe den Text aus Aufgabe 3 fehlerlos ab.

Unterschied zwischen Sprech- und Schreibsilben kennenlernen, Wörter nach Schreibsilben am Zeilenende trennen; einen Text routiniert, zügig und fehlerlos von einer Vorlage abschreiben

Wo ist denn hier die Silbengrenze?

Tasche	lachen	singen

Ich höre sch, ch und ng auch am Ende der ersten Silbe …?

Tasche	lachen	singen

Ich höre sch, ch und ng auch am Anfang der zweiten Silbe …?

Tasche	lachen	singen

Ich weiß! Sch, ch und ng sind wie ein Gelenk und gehören zu beiden Silben.

Sch, **ch** und **ng** sind Silbengelenke: .
Ich höre sie am Ende der ersten und am Anfang der zweiten Silbe:
Flasche, machen, springen.
Beim Trennen am Zeilenende gehören **sch** und **ch** zur zweiten Silbe:
Fla-sche, la-chen.
Das **ng** trenne ich am Zeilenende in der Mitte: *sprin-gen.*

1 Markiere die Silbengelenke . Schreibe danach die Wörter getrennt auf.

Woche	Fische	Sache	Finger	Flasche	machen	singen

2 Setze die Silbenbögen. Markiere so: eindeutig Silbengelenk .

Kuchen	Geschichte	frische	kochen	Menschen	Gesichter

Silbengelenke mit sch, ch und ng anhand von Wörtern aus dem Grundwortschatz kennenlernen; Kennzeichnung des Silbengelenks kennenlernen; Trennung von ch, sch und ng am Zeilenende anwenden

1 Könnt ihr den dreien helfen? Sprecht deutlich und in Silben.
Markiert das Silbengelenk.

Glocke	Brücke	packen

Auch **ck** ist ein Silbengelenk und gehört zu beiden Silben: *Glocke*.
Beim Trennen am Zeilenende gehört **ck** zur zweiten Silbe: *Glo-cke*.

2 Sprich in Silben und setze die Silbenbögen. Schreibe dann die Wörter mit **ck** getrennt auf.

Socke	dicke	backen	Wecker	trocken
schmecken	verstecken			

3 Vergleicht die Wörter. Was fällt euch auf?

Haken	hacken	spuken	spucken

4 Kannst du Ecke und eckig trennen? ☐ ja ☐ nein

Begründe.

ck als Silbengelenk kennenlernen, Trennung am Zeilenende, Silben und Klangunterschiede der Vokale (Qualität oder Länge) nutzen, um sich Schreibungen zu erschließen; Sprache untersuchen und begründen: Wörter vergleichen (Ko-Konstruktion)

1 Sprich die Wörter mit doppeltem Konsonant in Silben.

essen	wollen	Wasser	Sonne	sollen	rollen
stellen	Klasse	können	Füller	müssen	alle

2 Spürst du, dass zu jeder Silbe ein Konsonant gehört? ☐ ja ☐ nein

Die Doppelkonsonanten sind ebenfalls Silbengelenke und gehören zu beiden Silben: *Sonne*.
Am Zeilenende trenne ich die Konsonanten in der Mitte: *Son-ne*.

3 Setze bei den Wörtern aus Aufgabe 1 die Silbenbögen. Schreibe sie ab.

4 Sprich in Silben und ergänze: **m** oder **mm**?

Blu______e ko______en Na______e

So______er Zi______er Hi______el

Da______e schwi______en

5 Sprich in Silben und ergänze: **l** oder **ll**?

ho___en a___e Wo___e

Schu___e ste___en Fa___e

ro___en Te___er

6 Vergleicht eure Lösungen. Tauscht euch in der Klasse aus.

7 Schreibe Sätze mit möglichst vielen Wörtern mit Doppelkonsonant.

Doppelkonsonanten als Form von Silbengelenken kennenlernen; Silben und Klangunterschiede der Vokale (Qualität oder Länge) nutzen, um sich Schreibungen zu erschließen

Umgang mit Fehlern: Zweifeln

1 Ergänze den richtigen Buchstaben. Gib die Seite aus dem Wörterbuch an.

M___(ä/e)rchen S.: ______   ___(C/Ch)rist S.: ______   Fuch___(s/x) S.: ______

K___(ä/e)fer S.: ______   Sta___(dt/t) S.: ______   Te___(ks/x)t S.: ______

___(f/v)oll S.: ______   ___(C/Z)ent S.: ______

2 Finde die Fehler: Wo wurde falsch getrennt? Trenne richtig.

A-nanas ______   Esels-ohr ______

Laste-sel ______   Ü-berfall ______

O-ber ______   A-norak ______

3 Schreibe Wörter auf, bei denen du in letzter Zeit unsicher warst, wie man sie richtig schreibt. Unterstreiche die schwierige Stelle.

______

4 Überprüfe die unterstrichenen Wörter. Wenn du einen Fehler findest, berichtige ihn. Schreibe den Text fehlerlos auf.

Unser kl~~e~~iner (ei) Vogel ist aus dem Kefig verschwunden. Das Fenste im Zimmer steht ofen. Draußen liegen einige Vedern vor dem Fenster. Doch da höre ich ihn plötzlich feifen. Er sizt munter auf einer Bank neben einem signenden Mädchen. Nun können wir wieder ale lachen!

Rechtschreibsicherheit durch gezieltes Zweifeln entwickeln; rechtschriftliche Überarbeitungskompetenz aufbauen, indem Erkenntnisse zu allen vier Prinzipien mit Arbeitstechniken verbunden werden; Aufbau von Fehlerbewusstsein

Test 1: Vokale und Konsonanten, Silben und Trennungen

◇1 Setze die Silbenbögen. Markiere die Vokale.

tanzen | Tage | Ente | lesen | Briefe | finden | Wolke

Dose | Muster | mutig

◇2 Erinnerst du dich? Kreuze an, was stimmt.

Der Vokal in einer Silbe heißt ☐ Silbenkern. ☐ Silbengrenze.

Au, **ei**, **eu** und **ä**, **ö**, **ü** zählen wie ein ☐ Konsonant. ☐ Vokal.

Wenn die erste Silbe mit einem Konsonanten endet, ist sie ☐ offen. ☐ geschlossen.

◇3 Schreibe die Wörter aus Aufgabe 1 getrennt in die Tabelle.

Vokal in der 1. Silbe	offene 1. Silbe	geschlossene 1. Silbe
a		
e		
ie/i		
o		
u		

◇4 Schreibe die Wörter getrennt auf.

Ananas | schwingen | Flocke | blühen

Ich kann schon …	ja	nein	So will ich noch üben
… Vokale, Umlaute und Zwielaute.	☐	☐	S. 21 ◇1
… offene und geschlossene Silben.	☐	☐	S. 21 ◇2; ⏢1, ⏢2 und ⏢3
… schwierige Trennungen.	☐	☐	S. 21 ◇3; ⏢6
… alles!	☺		S. 21 ◇4 und ◇5

Überprüfen und Einschätzen des eigenen Lernerfolges zu: Vokalen/Umlauten und Zwielauten als Silbenkerne, offener und geschlossener erster Silbe, Trennung am Zeilenende; angemessene Lern- und Übungsziele setzen: über Lernen sprechen

Weiterüben nach Test 1

1 Sprich die Wörter deutlich in Silben. Setze die Silbenbögen und schreibe die Wörter getrennt auf.

bunte | halten | Äste | böse | Kühe | heute | laufen | Mäuse | reiten

2 Ordne die Wörter nach offener und geschlossener erster Silbe. Schreibe sie getrennt auf.

tanzen | Tafel | Regen | Rente | lieben | Linse | Schule | Schulter | vorne | Vogel

3 Schreibe die Wörter getrennt auf.

trocken | Ringe | Tische | Sachen | Wolle | klingeln | frische | Igelnest | packen | machen | Wasser

Wörter mit einem einzelnen Vokal: Ele-fant,

Wörter mit **sch**: mi-schen,

Wörter mit **ch**: ko-chen,

Wörter mit **ng**: brin-gen,

Wörter mit **ck**: Glo-cke,

Wörter mit Doppelkonsonant: Som-mer,

4 Findest du Wörter mit vier oder mehr Konsonanten hintereinander?

5 Schreibe eine kurze Geschichte mit möglichst vielen Wörtern mit **sch**, **ch**, **ng**, **ck** oder Doppelkonsonanten.

Vertiefendes Üben zu: Vokalen/Umlauten und Zwielauten als Silbenkerne, offener und geschlossener erster Silbe, Trennung am Zeilenende; einen Text verfassen, der Wörter mit Silbengelenken und Doppelkonsonanten enthält

1 Nimm unterschiedliche Artikel aus einer Zeitung.
Suche die kleinen, häufigen Wörter heraus und zähle sie.

das	die	und	in	auf
||				

2 Vergleicht eure Ergebnisse. Welche drei Wörter kommen bei euch am häufigsten vor?

3 Bei welchen dieser häufigen Wörter bist du noch unsicher? Unterstreiche sie.

ab | bist | dann | hier | sehr | oft | man | ob | nie

zuletzt | wie | nichts | man | immer | warum | zusammen

bis | wenig | voll | ins | bin | wieder | hin | wann

nur | zu | nicht | wir

4 Übe die schwierigen Wörter aus Aufgabe 3. Übe so:

- Markiere schwierige Stellen.
- Schreibe das Wort in deiner schönsten Schrift ab.
- Markiere schwierige Stellen in deinem Wort.
- Schreibe kurze Sätze mit dem kleinen Wort.
- Unterstreiche das Wort in deinen Sätzen.

Wörter des Häufigkeitswortschatzes erkennen und richtig schreiben üben; eigenen Übungsschwerpunkt festlegen

1 Vergleicht die Sätze von Tom und Lena. Was fällt euch auf?

Der, **die**, **das** sind bestimmte Artikel. **Ein**, **eine** sind unbestimmte Artikel.
Wenn ich einen Artikel vor ein Wort setzen kann, ist es ein Nomen:
der Mann – ein Mann, die Frau – eine Frau, das Kind – ein Kind.

2 Verändere die unbestimmten Artikel in bestimmte Artikel.
Ordne die Nomen nach: **der**, **die** und **das**.

ein Schreck | eine Flasche | ein Zimmer | ein Fisch | eine Woche

ein Ding | ein Tier | ein Loch | ein Stein | ein Mensch

eine Pfütze | ein Gesicht | eine Sache

3 Wähle zehn Nomen aus Aufgabe 2 und schreibe mit ihnen Sätze.

4 Unterstreiche die Nomen und schreibe sie mit dem bestimmten Artikel auf.

plötzlich baum straße haus stadt zeit

zurück bub freund hund kind tag wut freude

5 Was haben Buch und Geschichte gemeinsam?
Worin unterscheiden sie sich? Erklärt.

1. Beschreibe die Kostüme mit: klein | groß | rot | weiß | lustig

ein kleines Gespenst, ein

eine

2. Schreibe kurze Sätze mit den Nomen und den Adjektiven aus Aufgabe 1.
Schreibe so: *Das Gespenst ist klein.*

3. Vergleicht alle Adjektive auf dieser Seite. Was fällt euch auf?

4. Was hast du herausgefunden? Kreuze an.

☐ Das Adjektiv bleibt immer gleich.
☐ Das Adjektiv verändert sich, wenn es zwischen Artikel und Nomen steht.
☐ Das Adjektiv kann die Endungen -**e**, -**er** oder -**es** bekommen.

Adjektive beschreiben genau. Wenn sie in der Grundform stehen, haben sie keine Endung: *groß, klein, schön.*
Wenn sie zwischen Artikel und Nomen stehen, bekommen sie eine Endung an den Wortstamm: *die kleine Maus, ein großer Hund, ein schönes Kind.*

Vertiefen: mit Adjektiven beschreiben, gebeugte Form und Grundform von Adjektiven erkennen und anwenden

Adjektive: Vergleichsstufen

Mondfisch | Pistolenkrebs | Seeelefant

1 Lies den Text. Unterstreiche die Adjektive.

Tierische Rekorde

Achtung, Todesgefahr! Der Pfeilgiftfrosch ist giftig. Doch der Kugelfisch ist giftiger. Die Seewespe, eine Quallenart, ist am giftigsten.
Im Wasser findet man auch die Schwergewichte der Welt. Der Mondfisch kann ganz schön schwer werden. Ein Seeelefant, eine Robbenart, wird aber noch schwerer. Der Blauwal ist jedoch von allen Tieren der Welt am schwersten.
Ein Brüllaffe kann laut sein. Doch die afrikanische Zikade ist noch viel lauter.
Es ist kaum zu glauben, aber der kleine Pistolenkrebs ist am lautesten.

2 Schreibe die Adjektive nach der Endung geordnet auf.

Mit Adjektiven kann ich Dinge vergleichen. Es gibt zwei Vergleichsstufen:
Grundform – *klein*,
1. Vergleichsstufe – *kleiner*,
2. Vergleichsstufe – *am kleinsten*.
Die Vergleichsstufen haben eine Endung am Wortstamm.

3 Bilde die Vergleichsstufen und schreibe sie auf. Markiere den jeweiligen Wortstamm.

reich | tief | schön | fein | klein | eng | dick | lieb | schnell | dünn

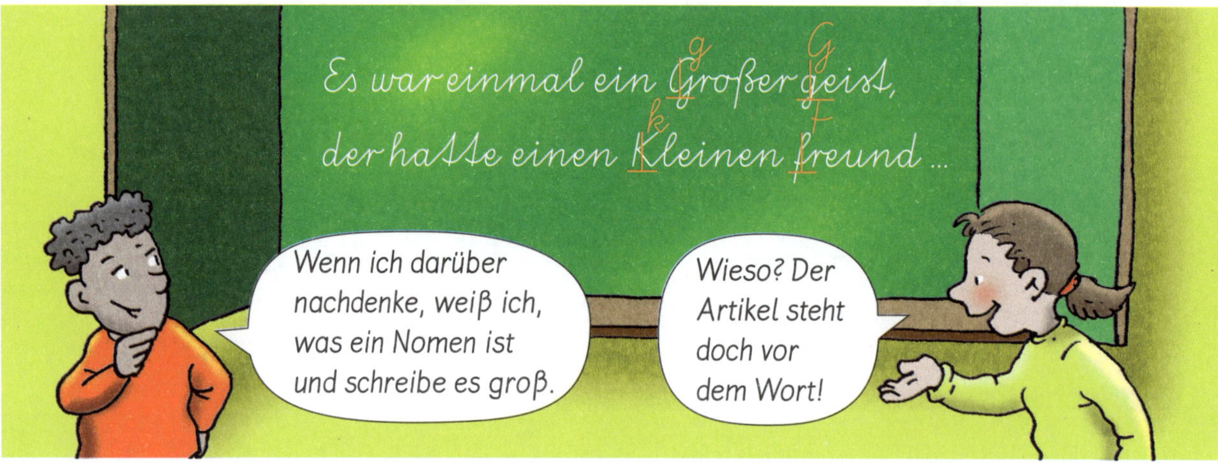

1 Geht es euch auch so? ☐ ja ☐ nein

Bestimmte oder unbestimmte Artikel gehören zum Nomen.
Im Satz steht aber oft ein Adjektiv zwischen Artikel und Nomen.
Das gruselige Gespenst lebt in einer alten Burg.

2 Zeichne ein, auf welches Nomen sich der Artikel bezieht und unterstreiche die Nomen.

In einem alten Gespensterhaus lebten die kichernden Geister.

Das wacklige Haus war schwarz.

Die wilden Geister funkelten mit den leuchtenden Augen und klapperten mit den schweren Ketten.

3 Zeichne ein, auf welches Nomen sich der Artikel bezieht.
Schreibe dann den Text richtig auf.

ein kind malt eine große burg auf einem hohen berg.

in der dunklen jahreszeit können die kleinen gespenster

früher kommen und länger durch die dichten wälder spuken.

Nomen durch Artikelprobe im Satz erkennen, auf Großschreibung am Satzanfang achten

1 Verbinde die verwandten Wörter und schreibe die Paare auf.

alt | Saft | Ast | lang | laufen | Nacht

Säfte | Äste | älter | länger | Nächte | läuft

2 Ergänze die Mehrzahl und markiere die Umlaute.

Apfel	Äpfel	Haus		Maus	
Rad		Band		Baum	
Gras		Hand		Saft	
Arzt		Mann		Wald	

3 Finde zu den Wörtern das verwandte Wort mit **a** oder **au**.
Schreibe beide Formen auf.

sie fährt | er wächst | er gräbt | es säuft | er lässt

älter | härter | kälter

Wörter mit **ä** oder **äu** haben meist ein verwandtes Wort mit **a** oder **au**:
kälter – kalt, laufen – er läuft.
Gibt es kein verwandtes Wort, dann schreibe ich **e** oder **eu**:
fester – fest, heulen – er heult.

Gleichschreibung des Wortstammes: ein- und zweisilbige Wortformen verbinden, um die Schreibung von Umlautung ä/äu abzuleiten

Auslautverhärtung und kombinatorische Verhärtung

1 Markiere die schwierige Stelle bei den einsilbigen Wörtern.
Verbinde die einsilbige und zweisilbige Wortform.

lieb	Berg	wird	rund	fremd	Geld
Berge	runde	lieben	werden	Gelder	fremde

2 Schreibe die Wortpaare aus Aufgabe 1 auf.

3 Schreibe Sätze mit den einsilbigen Wörtern aus Aufgabe 1.

4 Markiere bei den Wörtern schwierige Stellen.
Beweise durch Verlängern oder ein verwandtes Wort, dass die Form richtig ist.

er liebt	er steigt	Nächte
er liegt	er bleibt	gesund
älter	er erlaubt	Wind

5 Berichtige die Fehler und schreibe den Text fehlerlos auf.

Tom in der Schule

Tom liept Sport. Aber er schreipt und mald auch gerne. Er gipt sein Bilt dem Lehrer. Der zeikt es der Klasse. Alle klatschen.

6 Was haben Säfte und Hände gemeinsam? Worin unterscheiden sie sich? Erklärt.

Gleichschreibung des Wortstammes: ein- und zweisilbige Wortformen verbinden, um die Schreibung von Auslautverhärtung abzuleiten; Berichtigen von Fehlern; Sprache untersuchen und begründen: Wörter vergleichen (Ko-Konstruktion)

Wortfamilien

1. Verbinde die verwandten Wörter. Schreibe die verwandten Paare auf.
Zu welchen Wortarten gehören sie?

laufen	Bäcker	verkaufen	männlich	Glanz
Verkäufer	backen	glänzend	Läufer	Mann

2. Woran erkennt ihr, dass die Wörter der Wortpaare aus Aufgabe 1 verwandt sind? Erklärt. Tauscht euch in der Klasse aus.

Wenn Wörter einen gleichen oder ähnlichen Wortstamm haben, dann gehören sie zusammen wie eine Familie:
weglaufen, er läuft, der Läufer, der Wettlauf.
Deshalb heißen sie Wortfamilie.

3. Markiere in den Reihen den gemeinsamen Wortstamm und schreibe ihn auf.

Die Wortfamilie heißt:	Der Wortstamm heißt:
lesen leserlich lesbar Lesebuch	les
Fahrrad fahren Fahrzeug Fahrt	
Spiel spielen verspielt spielerisch	
stehen Stehplatz aufstehen verstehen	

4. Suche acht Wörter aus Aufgabe 3. Schreibe mit ihnen Sätze.

5. Ein Wort passt nicht in die Reihe. Streicht es durch und begründet.

Schütze	beschützen	Beinschützer	Schutzhütte

Wörter eines Wortstammes einer Wortfamilie zuordnen, mithilfe des Wortstammes rechtschriftliche Sicherheit bei schwierigen Stellen erlangen (h, ie, tz); Sprache untersuchen und begründen: „Einer raus" (Ko-Konstruktion)

1 Vier Wörter gehören zu einer Familie. Markiere Wörter einer Wortfamilie mit der gleichen Farbe. Schreibe die Wörter nach Wortfamilien geordnet auf.

bewässern	Gebäude	hinfallen	wässrig
Baustelle	fallen	bauen	Wasserleitung
Aufbau	Abfall	Wasser	fällig

2 Markiere alle Wörter mit dem Wortstamm **nehm**.

Heute will die Lehrerin das Malnehmen durchnehmen.
Ausnahmsweise will Lena heute nicht teilnehmen.
Sie ist nervös und kann sich nicht benehmen.
Sie will Tom die Stifte wegnehmen.
Das ist nicht angenehm. Da muss die Lehrerin etwas unternehmen.

3 Schreibe alle Wörter der Wortfamilie aus Aufgabe 2 heraus.
Markiere den Wortstamm **nehm**.

4 Findet möglichst viele Wörter zum Wortstamm **brech**. Was fällt euch auf?

Üben: Wörter der gleichen Wortfamilie zuordnen; Sprache untersuchen: Änderung des Stammvokals beschreiben (Ko-Konstruktion)

Verben: Wortstamm und Endung

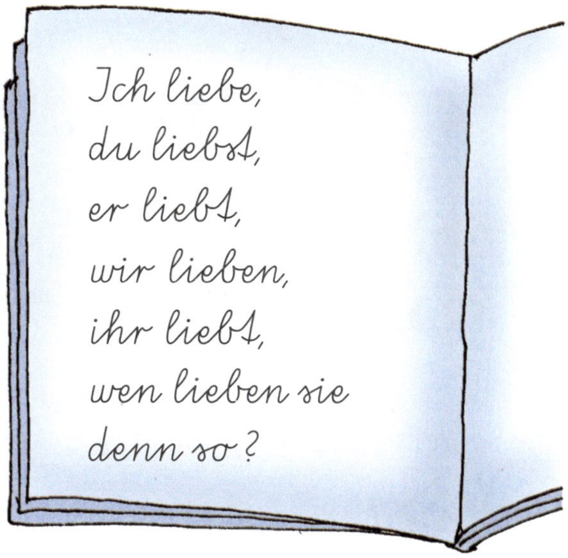

1. Wähle drei Verben. Schreibe mit jedem ein ähnliches Gedicht in dein Heft. Schreibe das schönste noch einmal in die Zeilen.

kommen	trinken	gehen	liegen	schwimmen	rufen

2. Kreise bei den Verben aus Aufgabe 1 den jeweiligen Wortstamm ein. Unterstreiche die Endungen.

Verben können in der Grundform oder in einer Personalform stehen. Die Endung der Personalform richtet sich danach, wer etwas tut:
reiten – ich reite, du reitest, er reitet.

Grund- und Personalform von Verben sowie deren Merkmale (Wortstamm, Endungen) bestimmen und in eigenem Gedicht bewusst anwenden; Schriftpflege und Schreibanlass einer lyrischen Kleinform

1 Schreibe alle Personalformen von **sein** heraus. Markiere schwierige Stellen.

ich bin,

Sein, **haben** und **werden** sind besondere Verben. Sie können alleine stehen oder zusammen mit anderen Verben, denen sie helfen.
Deshalb heißen sie Hilfsverben:

*Ich **bin** Bäcker.* *Ich bin geschwommen.*
*Er **hat** eine Katze.* *Er hat Laura geholfen.*
*Ihr **werdet** gesund.* *Ihr werdet wieder spielen.*

2 Unterstreiche bei den Personalformen die schwierigen Stellen. Schreibe sie auf.

ich habe du hast er/sie/es hat wir haben ihr habt sie haben
ich werde du wirst er/sie/es wird wir werden ihr werdet sie werden

3 Schreibe ein ähnliches Gedicht mit **haben**.

Ich werde Astronautin.

Du wirst Rennfahrer.

Er wird Bäcker.

Wir werden erwachsen.

Ihr werdet klug.

Sie werden glücklich!

Hilfsverben als Begriff und Verb mit zwei verschiedenen Funktionen kennenlernen; Schriftpflege und Schreibanlass einer lyrischen Kleinform

1 Wie haben die Kinder geordnet? Vergleicht und erklärt.

Tom	Lena	Mehmet
klar, hohl Höhle, klären Erklärung, aushöhlen Klarsichtfolie, Höhleneingang, Tropfsteinhöhle	klar, Erklärung, klären, Klarsichtfolie hohl, Höhle, aushöhlen, Höhleneingang, Tropfsteinhöhle	aushöhlen, klären klar, hohl die Höhle, die Erklärung, der Höhleneingang, die Tropfsteinhöhle, die Klarsichtfolie

2 Schreibe auf, wonach die Kinder geordnet haben.

Tom ordnet nach: ______

Lena ordnet nach: ______

Mehmet ordnet nach: ______

3 Ordne diese Wörter.

warm	Wähler	Erderwärmung	Angsttraum
Wahl	aufräumen	verängstigt	aufwärmen
Raum	ängstlich	Wahllokal	umräumen
Angst	wärmen	wählen	räumen

4 Vergleicht eure Lösungen. Wonach habt ihr geordnet? Beschreibt genau.

5 Ordne diese Wörter.

Land	wegschieben	Wahrheit	Landschaft
wahr	Gelände	Schubkarre	wahrhaftig
schieben	wahrscheinlich	ländlich	verschiebbar

Unterschiedliche Rechtschreibprinzipien nutzen: Erkenntnisse zu Wortstämmen mit grammatischen Überlegungen zur Wortart kombinieren; begründete Ordnungen finden (Ko-Konstruktion)

1 Markiere den richtigen Buchstaben. Schreibe das Wort auf, das dir hilft.

har(d/t)		bl(ä/e)st		(Ä/E)rzte	
stei(g/k)t		S(ä/e)fte		(Ä/E)ste	
wil(d/t)		Hem(d/t)		blin(d/t)	

2 Finde den Fehler und streiche ihn an. Schreibe das Wort auf, das dir hilft.

Tr~~e~~ger (ä)	tragen	er lesst	
abents		Safd	
Verkeuferin		er wirt	

3 Schreibe Wörter auf, bei denen du in letzter Zeit unsicher warst, wie man sie richtig schreibt. Unterstreiche die schwierige Stelle.

4 Überprüfe die unterstrichenen Wörter. Wenn du einen Fehler findest, berichtige ihn. Schreibe den Text fehlerfrei auf.

Lenas kleiner Hund Schnuffi ist sehr liep. Er kann laudt bellen und wedelt lustik mit dem Schwanz. Sein Fressnapf ist rot und gelp gestreift. Als Schnuffi krang war, war Lena traurik. Jetzt ist Schnuffi wieder gesunt und kann mit Lena spielen.

Rechtschreibsicherheit durch gezieltes Zweifeln entwickeln: Arbeitstechniken und Rechtschreibstrategien verbinden; Aufbau von Fehlerbewusstsein

Test 2: Nomen, Umlautung, Adjektive, Wortfamilien

◇1 Drei Wörter gehören zu einer Familie. Markiere jeweils den gleichen Wortstamm in einer Farbe.

laufen	verspielt	wegfahren
mitspielen	Busfahrer	Laufschuhe
Fahrkarte	Läufer	Spielzeug

◇2 Setze die Adjektive in der richtigen Vergleichsstufe ein.

Der Nil ist der __________ (lang) Fluss der Erde. Russland ist

__________ (groß) als Deutschland. Die Zugspitze ist sehr __________ (hoch).

◇3 Ergänze: **ä** oder **e**, **äu** oder **eu**?

Lena l_____(äu/eu)ft auf die Straße. Sie will h_____(äu/eu)te zum
F_____(äu/eu)erwerk r__(ä/e)nnen. Viele L_____(äu/eu)te sehen aus
den H_____(äu/eu)sern. Manche stehen sogar auf B__(ä/e)nken.
Die Raketen l_____(äu/eu)chten schön hell.

◇4 Unterstreiche die Nomen und schreibe die großen Anfangsbuchstaben darüber.

An einem schönen abend bin ich zu dem stall gegangen, um die kühe zu melken.

Doch der volle eimer ist plötzlich umgefallen. Die frische milch ist ausgelaufen.

Die ganze woche hat mich das pech verfolgt.

Ich kann schon ...	ja	nein	So will ich noch üben
... verwandte Wörter und Wortfamilien finden.	☐	☐	S. 36 ◇1, 17
... mit Adjektiven vergleichen.	☐	☐	S. 36 ◇2, 13
... Wörter mit **ä** oder **äu**.	☐	☐	S. 36 ◇1
... Nomen im Satz erkennen.	☐	☐	S. 36 ◇3, 9 und 15
... alles!	☺		S. 36 ◇4, 19 und 20

Überprüfen und Einschätzen des eigenen Lernerfolges zu: Wörtern mit gleichem Wortstamm (Wortfamilien), Vergleichsstufen der Adjektive, Umlautung, Großschreibung bei Nomen im Satz; angemessene Lern- und Übungsziele setzen: über Lernen sprechen

1 Verbinde die verwandten Wörter. Schreibe sie als Wortpaare auf.

schäumen | Arzt | Qual | raten | Traum | die Wärme

quälen | Schaum | Ärztin | träumen | warm | Rätsel

2 Ergänze die Tabelle. Markiere die Endungen.

Grundform	1. Vergleichsstufe	2. Vergleichsstufe
schlecht	schlechter	am
	kürzer	
		am stärksten
tief		
	dümmer	

3 Schreibe die unterstrichenen Nomen mit bestimmtem Artikel auf.

An einem schönen Abend bin ich zu dem Stall gegangen, um die Kühe zu melken. Doch der volle Eimer ist plötzlich umgefallen. Die frische Milch ist ausgelaufen. Die ganze Woche hat mich das Pech verfolgt.

4 Streiche die Fehler an. Schreibe den Text richtig auf.

Der Hamster Struppl

Struppl ist schon elter, aber sehr liep und lustik.

Nach seinen Leufen im Laufrad schnauft er, weil er so dick ist.

Nun ist Struppl im Garten verschwunden. Er nagt genüsslich an Mutters Kreutern und grebt im weichen Sant. Er plaudert mit den Meusen, wie es hinter den Beumen so sei. Doch als es kelter wird, lesst er die Meuschen zurück und geht nach Hause. Er wirt in seinem Käfik bleiben. (14 F.)

Vertiefendes Üben zu: Wörtern mit gleichem Wortstamm (Wortfamilien), Vergleichsstufen der Adjektive, Umlautung, Großschreibung bei Nomen im Satz; Fehlerdiagnose

1 Erkläre die Wörter und zerlege sie.

Advent**s**kranz der Kranz im Advent

Monat**s**name

Geburt**s**stunde

Hochzeit**s**kleid

Geschäft**s**frau

Boot**s**fahrt

Arbeit**s**platz

Unterricht**s**ziel

Zukunft**s**angst

Das **s** zwischen den beiden Wörtern nennt man Fugen-**s**:
*der Advent + der Kranz → der Advent**s**kranz.*

2 Markiere jedes Fugen-**s** in diesen Wörtern.

Geburtstagskerze	Geburtstagskleid	Geburtstagstorte

3 Finde fünf Wörter mit einem Fugen-**s** und schreibe die Wörter auf.

Vokalisiertes r: Lautliche und silbische Durchgliederung

1 Setze die Silbenbögen.

| Garten | lernen | morgen | warten | Birne | Erde | werfen |

2 Sprecht die Wörter deutlich und schreibt sie getrennt auf.
Was fällt euch auf?

3 Was hast du herausgefunden? Kreuze an.

☐ Ich höre das **r** gut.
☐ Das **r** ist schwer zu hören.
☐ Das **r** steht bei diesen Wörtern am Ende der ersten Silbe.

4 Verlängere die Wörter, damit du das **r** besser hörst.
Unterstreiche die Wörter, in denen das **r** in der zweiten Silbe ist.

schwer ____ Tür ____ Arm ____

Dorf ____ kurz ____ stark ____

5 Ein Wort passt nicht in die Reihe. Streicht es durch und begründet.

| erst | Wurst | sofort | merken | dort |

6 Schreibe die Wörter auf. Markiere das **r**.

| Eltern | gern | gestern | feiern |

| ärgern | klettern | zittern |

7 Schreibe zu jedem Wort aus Aufgabe 6 einen Satz.

Vertiefen: Wörter lautlich und silbisch durchgliedern, untersuchen und verlängern, um vokalisiertes r am Silbenende zu entdecken; Sprache untersuchen und begründen: „Einer raus" (Ko-Konstruktion)

Wörter mit ie: Silbenende

1 Untersucht die Wörter in den beiden Spalten. Was fällt euch auf?

ie	i
Bie-ne	Bin-de
Rie-se	Rin-de
Stie-fel	Stif-te
Wie-se	Win-del

2 Was hast du herausgefunden? Kreuze an.

- ☐ Das **ie** steht am Ende der ersten Silbe.
- ☐ Wenn die erste Silbe offen ist, dann schreibe ich **ie**.
- ☐ Wenn die erste Silbe geschlossen ist, dann schreibe ich ein einfaches **i**.
- ☐ Ich höre einen Unterschied: Das **ie** klingt lang und klar. Das einfache **i** klingt kurz und undeutlich.

3 Schreibe die Wörter getrennt auf und markiere **ie**.

riechen | schieben | schwierig | ziehen | zielen | Zwiebel

4 Setze die Silbenbögen und ergänze: **ie** oder **i**?
Ordne die Wörter in eine Tabelle.

s___ben h___nter f___nden K___ste W___nter

l___gen H___lfe Fl___ge w___der n___mals

ie	i

Vertiefen: Bei Wörtern mit ie auf Klang und Position am Silbenende achten, um ie richtig zu verschriften

Wörter mit ie: Verlängern

1 Verlängere Nomen und Adjektive, bilde bei Verben die Grundform.
Trage jeweils die zweisilbige Form in die Tabelle ein.

er liebt | der Brief | viel | das Tier | er siegt | schief | tief | der Dieb | er zieht

Nomen	Verb	Adjektiv

Damit ich weiß, wann ich einsilbige Wörter mit **ie** und wann mit **i** schreibe, verlängere ich sie. Am Ende der Silbe schreibe ich **ie**.
Bei Nomen hilft die Mehrzahl: *der Brief – die Briefe, das Rind – die Rinder;*
bei Verben die Grundform: *er liegt – liegen, er winkt – winken*
und bei Adjektiven die Wortform, so wie sie zwischen Artikel und Nomen vorkommt: *lieb – der liebe Hund, flink – der flinke Hund.*

2 Verlängere die Wörter und sprich sie in Silben. Ergänze dann: **ie** oder **i**?

er r___cht	Br___f	er sch___bt	er z___lt	T___r	D___b	St___ft
er s___nkt	W___nd	er s___ngt	L___cht	S___b	K___nd	Schr___ft
er spr___ngt	Beisp___l	Ged___cht	S___g	B___ld	Z___l	L___ste

3 Schreibe die einsilbige und zweisilbige Wortform der Wörter aus Aufgabe 2 auf.

4 Schreibe Sätze mit vielen Wörtern aus Aufgabe 2.

Wörter mit ie: Wortfamilie

1 Welche Erklärung gehört zu welcher schwierigen Stelle? Ordnet zu.

Tierrätsel	Tierrätsel	Tierrätsel
Zusammengesetztes Nomen: *das Tier* und *das Rätsel*	*Rätsel* kommt von *raten*	Zerlegen und dann verlängern: *Tier – Tie-re:* der i-Laut steht am Ende der Silbe, also **ie**

2 Schreibe die Wörter nach Wortfamilien geordnet auf.

friedlich	Spielzeug	Brettspiele	Friedenspfeife
spielen	Friedenstaube	friedvoll	Spielplatz

3 Markiere die schwierigen Stellen in den Wörtern aus Aufgabe 2.

4 Was machst du, um sicher zu sein, wie die Wörter aus Aufgabe 2 richtig geschrieben werden? Erkläre.

5 Finde weitere fünf Fehler. Streiche sie an. Schreibe die Sätze richtig auf.

Die kleine Bine (ie) ist müde. Sie ligt nur auf der Wise. Da richt sie plötzlich feinen Nektar. Flienk fligt sie zu der Blume.

6 Was haben Liebling und Liebesbrief gemeinsam? Worin unterscheiden sie sich? Erklärt.

Gleichschreibung innerhalb der Wortfamilie für die Schreibung mit ie nutzen; Zusammensetzungen zerlegen; Sprache untersuchen und begründen: Wörter mit ie (Ko-Konstruktion)

1 Vergleicht Riese und Risse. Was fällt euch auf?
Begründet die Schreibweise.

2 Was hast du herausgefunden? Kreuze an.

- ☐ Rie-se: Am Ende der Silbe steht **ie**. Die zweite Silbe beginnt mit einem Konsonanten.
- ☐ Ris-se: Die zweite Silbe beginnt mit einem Konsonanten. Die erste Silbe muss geschlossen sein, weil das **i** kurz und undeutlich klingt. Also brauche ich noch ein s.
- ☐ Bei Risse bemerke ich das Silbengelenk, also mit zwei s.
- ☐ Ich weiß nicht, warum man Risse mit zwei s schreibt.
- ☐ Ich weiß nicht, warum man Riese mit **ie** schreibt.

3 Ergänze: **ie** oder **i** und Doppelkonsonant?

der sch___fe Turm von Pisa 

Auf dem Meer sind Sch___fe. 

Blumen sind auf der W___se. 

Kluge Kinder w___sen viel. 

Ich b___te um Hilfe. 

Ich lasse mir nichts b___ten. 

4 Was haben riefen und Riffe gemeinsam? Worin unterscheiden sie sich? Erklärt.

Klangunterschiede der Vokale und Erkenntnisse zur ersten und zweiten Silbe für die Schreibung von ie und Doppelkonsonanz nutzen; Sprache untersuchen und begründen: Wörter mit ie und Wörter mit i und Doppelkonsonant vergleichen (Ko-Konstruktion)

1 Sprich die Wörter in Silben, setze die Silbenbögen und markiere den Vokal vor dem doppelten Konsonanten.

essen | kommen | schwimmen | stellen

vergessen | Zimmer | können | wollen

müssen | Wasser | Klasse | zusammen

2 Schreibe die Wörter aus Aufgabe 1 getrennt auf.

es-sen

3 Vergleiche Grundform und Personalform. In welcher Form bemerkst du den doppelten Konsonanten leichter? Markiere und erkläre.

er kommt – kommen | er schwimmt – schwimmen | er kann – können

4 Verlängere die Adjektive und markiere den Doppelkonsonant. Schreibe beide Formen auf.

dumm | schlimm | schnell | hell | stumm | still

dumm – dümmer,

5 Verlängere die Nomen und markiere den Doppelkonsonant. Schreibe beide Formen auf. Schreibe so: *Kamm – Kämme.*

Kamm | Nuss | Fell | Ball | Stamm | Mann | Stoff | Knall

Üben: Rechtschreibstrategien (Verlängern, verwandte Wörter) und Klangwahrnehmung anwenden, um Wörter mit Doppelkonsonant richtig zu verschriften

1 Untersuche die Wörter. Was haben alle Wörter gemeinsam?

Platz | Pfütze | plötzlich | Katze | schützen | sitzen

setzen | spitz | zuletzt | Schutz | putzen | Satz

Alle Wörter ______________________________

2 Schreibe die Wörter aus Aufgabe 1 fehlerlos ab.

3 Trage die Wörter in die Tabelle ein.

Schnauze | Spatz | Walze | Mütze

nützen | Pflanze | heizen | schwitzen

tz	z

4 Markiert den Buchstaben vor dem **tz** und dem **z**. Was fällt euch auf?

5 Was hast du herausgefunden? Kreuze an.

- ☐ Vor dem **tz** steht immer ein Vokal oder ein Umlaut.
- ☐ Vor dem **z** steht immer ein Konsonant oder Zwielaut.
- ☐ Das **tz** und das **z** klingen gleich.

6 Trage die Wörter in eine Tabelle wie in Aufgabe 3 ein.
Untersuche, ob die Beobachtungen von Aufgabe 5 zutreffen.

reizen | Gesetz | sitzen | pflanzen | platzen | Wurzel | Salz

Wörter mit tz: Trennung

1 Was haben **Schnauze** und **Katze** gemeinsam? Worin unterscheiden sie sich? Erklärt.

2 Bilde die Mehrzahl der Nomen und schreibe sie getrennt auf.

der Witz | der Satz | der Platz

der Spatz | der Blitz | der Schutz

Prüfe genau: Kannst du alle Wörter in die Mehrzahl setzen?

3 Was haben **schwarze** und **spitze** gemeinsam? Worin unterscheiden sie sich? Erklärt.

4 In jedem Wort steckt ein Fehler. Streicht ihn an und erklärt den Fehler. Schreibt danach das Wort richtig auf.

Mintze ______ Kazte ______ Artzt ______

Kertze ______ kurtz ______ spiz ______

Purtzelbaum ______ Nez ______

Wortzusammensetzungen

1 Welche Wortstämme erkennst du? Markiere Wörter einer Wortfamilie mit der gleichen Farbe.

wegschwimmen	Nutztier	Schwimmbad	tierisch
Rollschuhe	Rollstuhl	Stinktier	schwimmen
Tierpark	herunterrollen	Schwimmreifen	Rolle

2 Schreibe die Wörter nach Wortfamilien geordnet auf.

3 Ordne diese Wörter.

Sitzung	Liebe	Arzt	Stellung	Sitz
lieben	Besitz	Bestellung	Ärztin	lieblos
verarzten	abbestellen	verliebt	besitzen	verstellbar
stellen	Liebesbrief	Arzthelferin	sitzen	Hausärztin

4 Vergleicht eure Lösungen. Wonach habt ihr geordnet? Beschreibt genau.

5 Markiere in jedem Satz die Wörter einer Wortfamilie. Schreibe die Sätze ab.

Die arme Stubenfliege sitzt in der Fliegenfalle und kann nicht mehr wegfliegen.
Wegen eines argen Ärgernisses war Tom sehr verärgert.
Mit dem Spitzer spitzen wir unsere Bleistiftspitzen spitz.

Denke an deine Vorsätze von Seite 4!

Üben von Wortfamilien und Wortzusammensetzungen im Zusammenhang mit Wortarten; unterschiedliche Rechtschreibprinzipien nutzen; begründete Ordnungen finden (Ko-Konstruktion)

Umgang mit Fehlern: Zweifeln

1 Markiere den richtigen Buchstaben. Schreibe getrennt oder das Wort auf, das dir hilft.

Br(i/ie)lle		Schnau(tz/z)e	
he(l/ll)fen		Br(i/ie)fkasten	
er sch(i/ie)bt		schwi(tz/z)en	
Z(i/ie)l		schli(m/mm)	
er h(i/ie)nkt		E(s/ss)zimmer	
schw(i/ie)rig		tan(tz/z)en	
T(i/ie)fsee		Schwi(m/mm)bad	
Pla(tz/z)		Ha(n/nn)dtasche	

2 Findet den Fehler und streicht ihn an. Schreibt das Wort richtig auf. Erklärt euch die Schreibweise. Tauscht euch in der Klasse aus.

Schaz		heitzen	
plözlich		Ärtztin	

3 Schreibe Wörter auf, bei denen du in letzter Zeit unsicher warst, wie man sie richtig schreibt. Unterstreiche die schwierige Stelle.

4 Überprüfe die unterstrichenen Wörter. Wenn du einen Fehler findest, streiche ihn an. Schreibe den Text fehlerlos auf.

Lena feiert Geburtztag. Sie bläst alle Kertzen aus. Ihre Kazte macht einen Purtzelbaum. Vorsicht! Mimi hat spietze Krallen an ihren schwarzen Tazen.

Test 3: Fugen-s, vokalisiertes r, Wörter mit ie und tz

1 Finde die Fehler und streiche sie an. Schreibe die Wörter richtig auf.

Der Gätner hat viel Abeit. Er wift die Ede auf einen kleinen Beag. (5 Fehler)

____

2 Ergänze: **ie** oder **i**?

Der R___tter l___bt eine bl___nde Pr___nzessin. Er d___chtet für sie L___der.
Er schenkt ihr einen s___lbernen Sp___gel, der im L___cht gl___tzert.
Sie f___ndet bei den D___nern H___lfe für ihre f___nstere Welt. Ihr K___nd
l___gt in einer W___ge.

3 Ergänze: **tz** oder **z**? Markiere im Text jedes Fugen-**s**.

Moritz p__________  den s__________  Boden.
Da springt seine K__________  in den Eimer. Nun gibt es eine
P__________ . Jetzt s__________  sie auf
dem Stuhl und schleckt an dem Geburtstagskuchen. Zum Glück hat er ein
H__________  für sein Lieblingstier.

4 Setze die richtigen Buchstaben ein.

Flu___(s/ss) schwi______t (m/mm) ste___t(l/ll) ro___t (l/ll)
he___(l/ll) stu______(m/mm) He___d(l/ll) Sto___(f/ff)

Ich kann schon ...	ja	nein	So will ich noch üben
... Wörter mit schwer hörbarem **r**.	☐	☐	S. 49 1
... Wörter mit **ie** und **i**.	☐	☐	S. 49 2, 4
... Wörter mit **tz**.	☐	☐	S. 49 3
... das Fugen-**s**.	☐	☐	S. 49 4
... Wörter mit Doppelkonsonant.	☐	☐	S. 49 5, 5
... alles!	☺		20

Überprüfen und Einschätzen des eigenen Lernerfolges zu: vokalisiertem r, Wörtern mit ie, tz und Doppelkonsonanten, Fugen-s; angemessene Lern- und Übungsziele setzen: über Lernen sprechen

1 Markiere das schwer hörbare **r**. Schreibe dann die zweisilbige Form getrennt auf.

er wirft ______ Dorf ______ kurz ______

sie merkt ______ Arm ______ stark ______

2 Beweise durch Verlängern, dass die Form richtig ist.

Der Pr**i**nz (______) l**ie**bt (______) sein K**i**nd (______) und seine Frau. Der St**i**ft (______) l**ie**gt (______) gut in seiner Hand. Er br**i**ngt (______) ihr seinen Br**ie**f (______) mit schöner Schr**i**ft (______). Er s**i**ngt (______) für sie ein schönes L**ie**d (______). Er z**ie**lt (______) auf die Scheibe und gew**i**nnt (______) das Sp**ie**l (______). Ein B**i**ld (______) zeigt seinen S**ie**g (______).

3 Markiere den Buchstaben vor dem **tz** und **z**. Verbinde die einsilbige und die zweisilbige Form. Schreibe die Wörter ab.

Platz	Schutz	Herz	Satz	Schmerz	spitz
schützen	Plätze	Herzen	Sätze	Spitze	Schmerzen

4 Markiere das Fugen-**s**. Schreibe die Wörter auf.

Mittagsruhe Sonntagszeitung Verkehrsschild Unterrichtsstunde
Frühstücksei Lebensfreude Bahnhofsuhr Frühlingsanfang

5 Markiere die doppelten Konsonanten. Schreibe die Wörter getrennt auf.

Mutter, wollen, schnelle, schlimme, Klasse, dumme

können, rollen, helle, Tasse, Sonne, Wasser

Vertiefendes Üben zu: Vokalisiertem r, Wörtern mit ie, tz und Doppelkonsonanten, Fugen-s

Zusammengesetzte Nomen

1 Warum gibt der Verkäufer Mehmet den falschen Ball?

2 Setze die Wörter zusammen. Schreibe sie mit bestimmtem Artikel in der Einzahl und der Mehrzahl auf.

Fuß | Leder | Hand | Tennis | Kopf | Ball

3 Untersucht die zusammengesetzten Nomen mit Ball. Was fällt euch auf?

4 Was hast du herausgefunden? Kreuze an.

- ☐ Zusammengesetzte Nomen bezeichnen einen Gegenstand genauer.
- ☐ Der Artikel richtet sich nach dem ersten Wort, dem Bestimmungswort.
- ☐ Der Artikel richtet sich immer nach dem zweiten Wort, dem Grundwort.

5 Finde zu diesen Wörtern zusammengesetzte Nomen.
Schreibe so: *der Apfelsaft, das Halstuch*

Apfel | Flasche | Hals | Suppe | Woche | Zeitung

Zusammengesetzte Nomen: Zusammensetzungen als Mittel der Wortbildung verwenden, Funktion der Zusammensetzung und Gesetzmäßigkeit, nach der sich der Artikel richtet, erkennen; Begriffe „Grundwort“ und „Bestimmungswort“ kennenlernen

Zusammengesetzte Nomen: Übungen

1. Vergleicht die drei Gruppen. Wie sind die zusammengesetzten Nomen verbunden?

Schlüsselloch	Weihnachtstag	Wiesenblume
Motorrad	Adventsfeier	Sonnenbrille
Telefonnummer	Geburtstag	Klassenzimmer
Bilderrahmen	Verkehrsunfall	Bienenhonig

2. Markiere die Stellen, an denen du besonders aufpassen musst.

3. Schreibe die Wörter aus Aufgabe 1 mit bestimmtem Artikel auf.

4. Schreibe mit fünf Wörtern aus Aufgabe 1 Sätze.

5. Was haben **Taschentuch** und **Handtasche** gemeinsam?
Worin unterscheiden sie sich? Erklärt.

6. Ein Wort passt nicht in die Reihe.
Streicht es durch und begründet.

1. Frühlingstag | Fahrrad | Fußballspiel | Blumenstrauß
2. Nebellampe | Laubbaum | Schreibblock | Schlusslicht
3. Blumenzwiebel | Blütenblatt | Kerzenschein | Gartenschlauch

7. Schreibe mit fünf Wörtern aus Aufgabe 6 Sätze.

8. Findest du zusammengesetzte Nomen mit drei gleichen Buchstaben hintereinander? Schreibe so: *Schifffahrt, Balletttänzerin, …*

Üben: Zusammensetzungen als Mittel der Wortbildung anwenden; Sprache untersuchen und begründen: zusammengesetzte Nomen, „Einer raus" (Ko-Konstruktion)

Zusammengesetzte Adjektive

1 Wozu werden die zusammengesetzten Adjektive benutzt?

2 Beschreibe die Farben im Farbkasten genau.

3 Ordne diese Wörter.

honiggelb	nachtblau	gelbgrün	quietschgelb	tintenschwarz
tiefblau	hellblau	goldgelb	knallblau	schlammgrün
dunkelblau	giftgrün	messinggelb	himmelblau	pechschwarz
apfelgrün	maisgelb	zitronengelb	veilchenblau	froschgrün

Blau: nachtblau, hellblau, ...
Gelb: goldgelb, honiggelb, ...

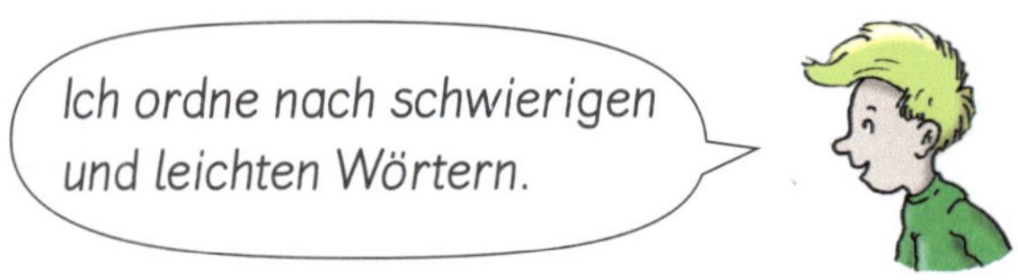

Schwierige Wörter: himmelblau, messinggelb, ...
Leichte Wörter: froschgrün, ...

4 Vergleicht eure Lösungen. Wonach habt ihr geordnet? Beschreibt genau.

Zusammengesetzte Adjektive: Funktion der Zusammensetzung erkennen und in der Beschreibung anwenden, unterschiedliche Rechtschreibprinzipien nutzen, begründete Ordnungen finden (Ko-Konstruktion)

Adjektive: Nachsilben

1 Ordne die Wörter in die Tabelle.

natürlich | glücklich | eckig | friedlich

durstig | schmutzig | ängstlich | sonnig

-ig	-lich

2 Zu welcher Wortart gehören die Wörter mit -**ig** und -**lich**? ____________

3 Schreibe die verwandten Wörter auf, aus denen die Wörter aus Aufgabe 1 abgeleitet sind. Schreibe so: *schrecklich – der Schreck.*

4 Beschreibe mit jedem Adjektiv aus Aufgabe 1 ein Nomen genauer. Schreibe so: *das schreckliche Gespenst.*

5 Findest du auch hier ein verwandtes Wort?

Gruppe 1		Gruppe 2	
wohnlich	____________	sandig	____________
weinerlich	____________	wolkig	____________
sterblich	____________	giftig	____________

6 Von Wörtern welcher Wortart leitest du die Adjektive aus Aufgabe 5 ab?

Gruppe 1: ____________ Gruppe 2: ____________

Verbindung unterschiedlicher Prinzipien nutzen: Nachsilben -ig und -lich bei Adjektiven und Ableitung von Verben und Nomen

Nomen: Nachsilben

1 Finde zu jedem Wort ein verwandtes Wort. Schreibe so: *die Freiheit – frei.*

Freiheit	Freundlichkeit	Heizung
Sicherheit	Deutlichkeit	Impfung
Wahrheit	Kleinigkeit	Erklärung
Krankheit	Schwierigkeit	Zeichnung

2 Vergleicht die drei Spalten aus Aufgabe 1. Was fällt euch auf?

3 Was hast du herausgefunden? Kreuze an.

- ☐ Alle diese Wörter sind Nomen.
- ☐ Zu allen Nomen passt der Artikel **die**.
- ☐ Die Wortbausteine am Ende sind -**heit**, -**keit**, -**ung**.
- ☐ Die verwandten Wörter sind Adjektive und Verben.

An den Wortbausteinen -**heit**, -**keit** und -**ung** am Wortende kann ich Nomen erkennen.
Nomen mit den Nachsilben -**heit** und -**keit** leite ich von ________________ ab: *die Schönheit* von *schön*, *die Sauberkeit* von *sauber*.
Nomen mit der Endung -**ung** leite ich von ________________ ab: *die Entdeckung* von *entdecken*.

Unterschiedliche Rechtschreibprinzipien nutzen: Nachsilben -heit, -keit und -ung bei Nomen kennenlernen und Ableitung von Verben und Adjektiven erkennen

Verben: Vorsilben und Bedeutung

1 Bilde mit den Vorsilben neue Verben.

ver- auf- ab- vor- um- aus- be- an- er- weg-

\+ **ziehen**

2 Schreibt Sätze mit den Verben aus Aufgabe 1, die ihr gut kennt. Tauscht euch in der Klasse aus.

3 Vergleicht diese Sätze. Was fällt euch auf?

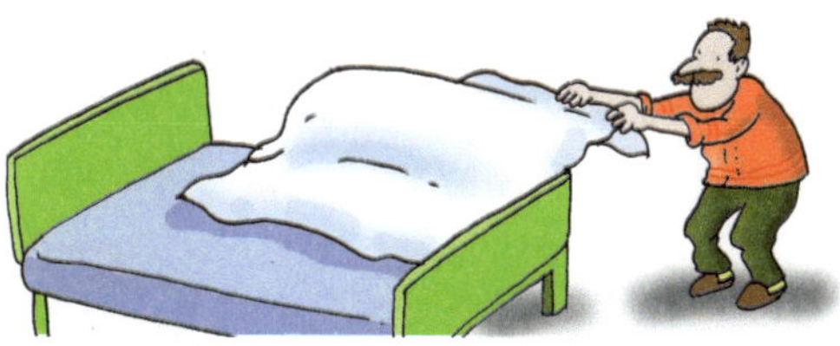

Opa bezieht die Betten.

Die Familie bezieht ein neues Haus.

Mehmet will seinen Mantel anziehen.

Lena muss die Schrauben anziehen.

4 Was hast du herausgefunden? Kreuze an.

☐ Vorsilben verändern die Bedeutung der Verben.
☐ Ein gleich zusammengesetztes Verb kann unterschiedliche Bedeutungen haben.

5 Setze die Vorsilben mit **fallen** zusammen und schreibe mit diesen Verben Sätze.

auf- ab- vor- um- aus- be- ein- an- ent- weg- über- durch-

Verben: Übungen zu Vorsilben

1 Bilde mit den Vorsilben neue Verben.

en**t**- we**g**- a**b**-

reißen halten nehmen stehen lassen setzen ziehen

2 Schreibe mit den Verben aus Aufgabe 1 Sätze.

3 Markiert bei den Verben die Vorsilben. Bei welchen Wörtern wird nicht „geworfen“?

einwerfen	Wasserwerfer	Speerwerfer	vorwerfen
entwerfen	fortwerfen	Hammerwerfer	Wegwerfverpackung
Autoscheinwerfer	umwerfen		

4 Schreibe mit den Verben aus Aufgabe 3 Sätze.

5 Ordne die Wörter aus Aufgabe 3 in zwei Gruppen. Gib jeder Gruppe eine Überschrift.

Üben: Verben durch Zusammensetzen mit Vorsilben bilden und anwenden; unterschiedliche Rechtschreibprinzipien nutzen: Wörter nach Wortarten ordnen

Verben: Vergangenheit schwacher Verben

1 Vergleicht die Sätze des Opas. Was fällt euch auf?

2 Markiere die Verben, die zusammengehören, mit der gleichen Farbe.

ich höre | ich kletterte | er hat gelacht | ich klettere | er lachte

ich habe gehört | er lacht | ich hörte | ich bin geklettert

Verben können in verschiedenen Zeitformen stehen.
Die **Gegenwart** zeigt, was gerade passiert: *ich turne*.
Die **1. Vergangenheit** zeigt, was früher passierte: *ich turnte*.
Ich verwende sie meistens beim Schreiben.
Die **2. Vergangenheit** zeigt auch, was früher war: *ich habe geturnt, ich bin gehüpft*. Sie wird mit den Hilfsverben **haben** oder **sein** und dem Verb gebildet. Ich benutze sie, wenn ich erzähle.

3 Ordne die Wörter aus Aufgabe 2 in die Tabelle. Markiere die Stelle, an der sich das Verb in der 1. und 2. Vergangenheit unterscheidet.

Gegenwart	1. Vergangenheit	2. Vergangenheit
ich höre		

4 Schreibe die Verben in der Ich-Form in allen Zeitformen auf.

weinen | reisen | machen | merken | sausen | erlauben

1. und 2. Vergangenheit schwacher Verben kennenlernen, Funktion und Merkmale erkennen (-te, Hilfsverben) und Verben ordnen

Verben: Vergangenheit starker Verben

1 Vergleicht die zwei Gruppen. Markiert in Gruppe 2 die Veränderungen. Was fällt euch auf?

Gruppe 1	ich weine	ich weinte	ich habe geweint
	ich danke	ich dankte	ich habe gedankt
	ich frage	ich fragte	ich habe gefragt
Gruppe 2	ich helfe	ich half	ich habe geholfen
	ich gebe	ich gab	ich habe gegeben
	ich springe	ich sprang	ich bin gesprungen

Wenn bei Verben in der 1. Vergangenheit ein -**te** am Ende steht, sind es **schwache Verben**: *ich wein**te***.
Wenn Verben den Vokal in der Vergangenheit verändern, sind es **starke Verben**: *ich h**e**lfe, ich h**a**lf, ich habe geh**o**lfen.*

2 Schreibe Sätze mit allen Verben aus Gruppe 1.

3 Trage die Wörter in der Ich-Form in die Tabelle ein.

sprechen | fangen | lesen

Gegenwart	1. Vergangenheit	2. Vergangenheit

4 Bilde mit fünf Verben von dieser Seite Sätze in der Gegenwart und der 1. Vergangenheit.

5 Vergleicht die Verben und bildet mit jedem Verb zwei Sätze.

legen:	ich lege	ich legte	ich habe gelegt
liegen:	ich liege	ich lag	ich bin gelegen

Verben in der 1. und 2. Vergangenheit untersuchen; Sprache untersuchen und Merkmale bei starken und schwachen Verben erkennen (Ko-Konstruktion)

1 Ergänze die Verben in der 1. und 2. Vergangenheit. Markiere, was sich verändert.

Gegenwart	1. Vergangenheit	2. Vergangenheit
ich weine	ich weinte	ich habe geweint
ich mache		
ich tanke		
ich kaufe		

Gegenwart	1. Vergangenheit	2. Vergangenheit
ich helfe	ich half	ich habe geholfen
ich steche		
ich singe		
ich trinke		

2 Schreibe die Verben in der 1. und 2. Vergangenheit in der Er-Form auf.

drehen | brechen | schenken | schleichen | verstecken

gewinnen | biegen | sinken | lieben | zaubern

3 Bilde mit den Verben aus Aufgabe 2 Sätze in der 1. und 2. Vergangenheit.

4 Unterstreiche alle Verben und schreibe den Text in der 1. Vergangenheit ab.

Liebe Oma,
wir wohnen alle zusammen in einem Zimmer. Wir spielen den ganzen Tag am Strand oder baden. Das Wasser ist warm.
Auf dem Heimweg füttern wir Pferde.
Liebe Grüße
Lena

Verben mit ie: Wiederholung

1 Schreibe die Wörter getrennt auf. Wo steht **ie** immer?

ziehen | blieben | zielen | schrieben | schieben | fielen

liefen | riefen | riechen | fliegen | lieben | stiegen

2 Ordne die Verben aus Aufgabe 1 in die Tabelle.

Gegenwart	1. Vergangenheit
ziehen	*blieben*

3 Schreibe die Verben aus Aufgabe 2 in der 1. Vergangenheit in der Er-Form auf.

4 Setze die Verben der 1. Vergangenheit aus Aufgabe 2 in die Gegenwart.
Schreibe so: *wir fielen – wir fallen.*

5 Was haben ich lese – ich las und er liest – er las gemeinsam?
Worin unterscheiden sie sich? Erklärt.

6 Ein Wort passt nicht in die Reihe. Streicht es durch und begründet.

schienen | stiegen | verschrieben | liefen

Vertiefen: Wörter mit ie aus dem Grundwortschatz anhand von starken und schwachen Verben in der Gegenwart und 1. Vergangenheit; Sprache untersuchen und begründen: Wortgruppen vergleichen und „Einer raus“ (Ko-Konstruktion)

Sprache untersuchen: Wortfamilien

1 Markiere Wörter einer Wortfamilie mit der gleichen Farbe. Schreibe die Wörter nach Wortfamilien geordnet auf.

Vergiftung	Giftigkeit	ärgerlich	Glück	ärgern	glücklich
verärgern	Verärgerung	Gift	vergiften	arglos	glücklos
verunglücken	Ärger	unglücklich	giftig	Unglück	

2 Suche alle Adjektive aus Aufgabe 1 und schreibe sie auf.

3 Ordne die Wörter.

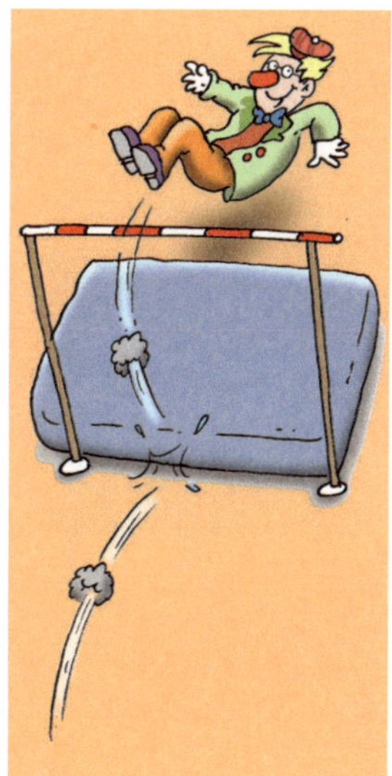

einspringen	Sprungseil	abspringen	anspringen
Trampolinspringen	Weitsprung	Hochsprung	Sprungfuß
Vorsprung	entspringen	Fallschirmspringer	Springreiter
fortspringen	Skispringen	Dachvorsprung	Aufsprung

4 Vergleicht eure Lösungen. Wonach habt ihr geordnet? Beschreibt genau.

Unterschiedliche Rechtschreibprinzipien nutzen: Erkenntnisse zu Wortstämmen und Wortbausteinen mit grammatischen Überlegungen zur Wortart kombinieren, begründete Ordnungen finden (Ko-Konstruktion)

Umgang mit Fehlern: Zweifeln

1 Markiere den richtigen Buchstaben. Schreibe getrennt oder das Wort auf, das dir hilft.

Bin$^{d}_{t}$faden		Zukunft$^{s}_{z}$angst	
r$^{ä}_{e}$tselhaft		Schnau$^{ts}_{z}$bart	
e$^{r}_{rr}$aten		a$^{b}_{p}$hauen	
en$^{d}_{t}$laufen		we$^{g}_{k}$springen	

2 Zerlege und verlängere das erste Wort. Setze dann richtig ein.

Farbenspiel der Natur

Die honi__(g/k)gelbe Sonne wird zuerst gel__(b/p)-orange, dann blu__(d/t)rot und verschwindet schließlich als ros__(d/t)rote Feuerkugel am Horizont. Das tiefblaue Wasser wirkt für kurze Zeit sam__(d/t)weich.

3 Adjektiv oder Nomen? Ordne die Wörter.

BUTTERBROT	SONNENGELB	EISKALT	HONIGBIENE
BUTTERWEICH	SONNENBLUME	EISBECHER	HONIGGELB

4 Schreibe Wörter auf, bei denen du in letzter Zeit unsicher warst, wie man sie richtig schreibt. Unterstreiche die schwierige Stelle.

5 Überprüfe die unterstrichenen Wörter. Wenn du einen Fehler findest, streiche ihn an. Schreibe den Text fehlerlos auf.

Ich <u>sprechte</u> in der Schule <u>laud</u>. Wir <u>denkten</u> heute alle <u>eifrik</u> mit. Ich <u>schreibte</u> einen <u>brief</u> an meine <u>Freundin</u>. Ein <u>Zwillinkspaar</u> <u>laufte</u> im Sport um die <u>Wette</u>.

Rechtschreibsicherheit durch gezieltes Zweifeln entwickeln: Arbeitstechniken und Strategien verbinden; Aufbau von Fehlerbewusstsein

Test 4: Zusammensetzungen, Vor- und Nachsilben, Vergangenheit

1 Bilde zusammengesetzte Nomen und schreibe sie auf.

Laub Baum ______ Glück Tag ______ Katze Futter ______

Kristall Leuchter ______ Geburt Tag ______ Schnecke Haus ______

2 Bilde aus diesen Wörtern Nomen, indem du eine Nachsilbe anhängst.

krank ______ schwierig ______ erklären ______

3 Schreibe das verwandte Wort auf, aus dem das Adjektiv gebildet wurde.

zerbrechlich ______ witzig ______

nützlich ______ windig ______

4 Ergänze die Verben in der 1. und 2. Vergangenheit. Markiere, was sich verändert.

Gegenwart	1. Vergangenheit	2. Vergangenheit
ich stelle		
ich kaufe		
ich springe		
ich werfe		

Ich kann schon ...	ja	nein	So will ich noch üben
... zusammengesetzte Nomen.	☐	☐	S. 64 ◇1, 10
... Nachsilben bei Nomen und Adjektiven.	☐	☐	S. 64 ◇2 und ◇3, 14
... Verben in der Vergangenheit.	☐	☐	S. 64 ◇4, 11
... alles!	☺		12

Überprüfen und Einschätzen des eigenen Lernerfolges zu: Zusammensetzungen und Wortbausteinen (Vor-, Nachsilben) als Mittel der Wortbildung; Vergangenheit starker und schwacher Verben; angemessene Lern- und Übungsziele setzen: über Lernen sprechen

Weiterüben nach Test 4

1. Markiere die Stellen, an denen die Wörter verbunden sind. Schreibe sie mit dem bestimmten Artikel auf.

Sommerreise	Krankenhaus	Glückskind
Nussschokolade	Monatsname	Suppenlöffel

2. Verbinde das Adjektiv mit dem verwandten Nomen. Schreibe die Wortpaare auf.

glücklich	durstig	schmutzig	windig	natürlich
der Durst	das Glück	der Schmutz	die Natur	der Wind

3. Verbinde das Nomen mit dem verwandten Wort. Markiere die Endung.
Schreibe die Wortpaare auf.

Erholung	Bewegung	Freundlichkeit	Heiterkeit	Sicherheit
bewegen	freundlich	erholen	sicher	heiter

4. Markiere Verben einer Wortfamilie mit der gleichen Farbe.
Schreibe die Zeitformen der Reihe nach auf. Schreibe so:
er liest, er las, er hat gelesen.

er lachte | er hat gesungen | er hilft | er weinte | er half

er singt | er hat geholfen | er sang | er weint | er hat gelacht

er hat geweint | er lacht

Vertiefendes Üben zu: Zusammensetzungen und Wortbausteinen (Vor-, Nachsilben) als Mittel der Wortbildung; Vergangenheit starker und schwacher Verben

Pronomen

1 Vergleicht die beiden Texte. Was fällt euch auf?

Mehmet spielt gern Fußball. Mehmet ist schon lange im Verein. Besonders gut kann Mehmet dribbeln. Kein Gegner nimmt Mehmet den Ball ab.

Mehmet spielt gern Fußball. Er ist schon lange im Verein. Besonders gut kann er dribbeln. Kein Gegner nimmt ihm den Ball ab.

2 Was hast du herausgefunden? Kreuze an und ergänze.

☐ Der erste Text klingt besser, weil

☐ Der zweite Text klingt besser, weil

Pronomen (lat.: *„für Nomen"*) sind kleine Wörter, die Nomen ersetzen können, zum Beispiel: *ich, du, er, sie, es, wir, ihr, sie.* Durch die Ersatzprobe weiß ich, welches Pronomen passt: *Der Junge spielt. Er spielt.*

3 Mache die Ersatzprobe: Verbessere den Text mithilfe von Pronomen.

Das ist mein Bruder Leon. Leon isst gerne. Am liebsten isst Leon Sauerkraut. Leon spielt auch gerne, am liebsten draußen. Leon spielt mit seinen Freunden Handball. Alle Handballer haben einen riesengroßen Spaß dabei. Die Kinder schreien und toben.

Personalpronomen in ihrer Funktion als „Fürwörter" für Nomen kennenlernen und bewusst anwenden, um einen Text zu variieren; Ersatzprobe kennenlernen und anwenden

Pronomen: ihm, ihn, ihr

Meine Freunde

Das ist Lukas. Mit ihm spiele ich oft Basketball. Er ist sehr gut!	Das ist Thien. Ihn kann ich immer fragen, wenn ich etwas nicht verstehe.	Das ist Olga. Mit ihr habe ich viel Spaß. Wir gehen oft mit ihrem Hund in den Wald.

1 Welche Wörter ersetzen hier Nomen? Erklärt. Tauscht euch in der Klasse aus.

Es gibt noch weitere Pronomen: *ihm, ihn, ihnen, ihr, ihrem, ihren.*
Auch sie ersetzen Nomen.
Sie sind die einzigen Wörter, die ich mit **ih** schreibe.

2 Ersetze das unterstrichene Nomen durch das passende Pronomen.

Lena sieht <u>einen bunten Drachen</u>. Lena sieht

Die Bäume gefallen <u>Lena</u>.

Tom nimmt <u>Mehmet</u> die Mütze weg.

Die Frau gibt <u>den Tauben</u> Futter.

3 Schreibe vier eigene Satzpaare wie in Aufgabe 2.

4 Mache die Ersatzprobe: Verbessere den Text mithilfe von Pronomen.

Mein bester Freund ist David. David treffe ich jeden Nachmittag. David und ich fahren oft mit dem Fahrrad. David macht dabei auch Kunststücke. David macht das großen Spaß.

Ungewöhnliche Schreibweise der Pronomen ihm, ihn und ihr mit "ih" bewusst wahrnehmen und auf schwer hörbare Endung mit m oder n aufmerksam werden; Ersatzprobe durchführen

1 Lest die Sätze mit verteilten Rollen. Achtet auf den Klang der Sätze.
Was fällt euch auf?

Mehmet: „Mir ist langweilig. Spielst du mit mir?“
Lena: „Was wollen wir spielen?“
Mehmet: „Lass uns ein Puzzle machen!“

2 Untersucht die Sätze genau. Beschreibt, wie sie gebildet werden.

Lena spielt draußen.
Mehmet liest ein Buch.

Wo spielt Lena?
Welches Buch liest Mehmet?

Spiel draußen!
Lies ein Buch!

Spielt Lena draußen?
Liest Mehmet ein Buch?

Am Ende eines Satzes stehen die Satzschlusszeichen. Mit der Klangprobe kann ich prüfen, ob ich das richtige Satzschlusszeichen benutze.
Der Aussagesatz endet mit einem Punkt:
Ich schreibe den Satz. (Stimme senkt sich am Ende.)
Der Fragesatz endet mit einem Fragezeichen: *Schreibst du den Satz?*
Was schreibst du? (Stimme hebt sich am Ende.)
Der dringende Aufforderungssatz endet mit einem Ausrufezeichen:
Schreib den Satz! (Stimme bleibt auf gleicher Höhe.)

3 Ergänze die Aussagesätze.
Bilde aus jedem Aussagesatz zwei Fragesätze
und einen Aufforderungssatz. Mache die Klangprobe.

Ich esse gerne ...
Ich mache gerne ...

4 Vergleicht eure Sätze. Tauscht euch in der Klasse aus.

Sätze: Satzglieder

1 Vergleicht die Sätze. Was fällt euch auf?

Charlie sitzt in einem schönen Park unter großen Bäumen.
In einem schönen Park sitzt Charlie unter großen Bäumen.
Unter großen Bäumen sitzt Charlie in einem schönen Park.
Sitzt Charlie in einem schönen Park unter großen Bäumen?

2 Kreise die Wörter aus Aufgabe 1 ein, die in allen Sätzen zusammen bleiben.

Die Teile eines Satzes, die ich beim Umstellen an den Satzanfang setzen kann, sind Satzglieder. Sie können aus einem oder mehreren Wörtern bestehen: *Charlie* *sitzt* *auf einem gemütlichen Sofa.*
Umstellprobe: *Auf einem gemütlichen Sofa* *sitzt* *Charlie.*

3 Mache die Umstellprobe und bilde drei neue Sätze.

der Clown	schlendert	langsam	zu einem klaren See

4 Warum könnt ihr mit den Satzgliedern aus Aufgabe 1 und 3 keinen Aufforderungssatz bilden, wenn ihr die Wörter unverändert lasst? Erklärt.

5 Setze passende Satzschlusszeichen: . ! ?

Was sieht Charlie ___ Sei leise ___ Er will die Enten nicht stören ___

Satzglieder als verstellbare Teile des Satzes erkennen; Umstellprobe durchführen; Satzschlusszeichen richtig anwenden

1 Welcher Satz ist vollständig? Kreuze an.

☐ Lena lacht. ☐ Lena trifft. ☐ Lena schenkt.

Der Kern des Satzes ist das Prädikat.
Das Prädikat ist immer ein Verb und der Chef im Satz.
Es bestimmt, ob ich kurze oder lange Sätze bilden kann.
regnen → Es regnet. *helfen → Sie hilft der Oma.*
geben → Ich gebe dem Hund den Knochen.

2 Markiere die Satzglieder in diesen Sätzen.

Lena lacht.
Lena trifft einen guten Freund.
Lena schenkt dem Freund ein gutes Buch.

Erinnere dich: Was kannst du tun, um Satzglieder zu entdecken?

3 Verwende jedes Verb als Prädikat in einem kurzen Satz. Mit welchen Verben kannst du ganz kurze Sätze bilden, mit welchen längere Sätze?

träumen	geben	blühen	holen
regnen	nehmen	bringen	

4 Ersetze das unterstrichene Satzglied durch ein Pronomen. Schreibe den Satz auf.

Ich helfe <u>dem Mann</u>.

Das Buch gehört <u>dem Jungen</u>.

5 Ersetze das unterstrichene Satzglied durch ein Pronomen. Schreibe den Satz auf.

Ich stricke <u>einen Schal</u>.

Ich baue <u>einen Tunnel</u>.

6 Vergleicht die Pronomen. Erklärt.

Abhängigkeit der übrigen Satzglieder vom Prädikat erkennen; schwer zu unterscheidende Endungen (m und n) bei Artikel und Pronomen wahrnehmen, Veränderungen der Fälle wahrnehmen; Sprache gezielt untersuchen und begründen: Abhängigkeit Verb – Pronomen

Sätze: Verben mit dem und den

1 Welches Wort ist bei allen Sätzen in der linken Spalte gleich? Welches Wort ist bei allen Sätzen in der rechten Spalte gleich? Vergleicht und unterstreicht es.

Wir besuchen den Onkel.	Unser Geschenk gefällt dem Onkel.
Ich backe den Kuchen.	Er schmeckt dem Buben.
Sie sieht den Unfall.	Er hilft dem Verletzten.
Er kocht den Pudding.	Wir danken dem Koch.
Ihr ruft den Lehrer.	Wir glauben dem Lehrer.

2 Mache die Ersatzprobe bei den Sätzen aus Aufgabe 1: einmal für den bestimmten Artikel, dann für Nomen mit Artikel.
Schreibe so: *Wir besuchen <u>einen</u> Onkel. Wir besuchen <u>ihn</u>.*

3 Wie verändern sich die unbestimmten Artikel und die Pronomen?

4 Was hast du herausgefunden? Kreuze an.

☐ Artikel und Pronomen enden in der 1. Spalte immer auf **n**.
☐ Artikel und Pronomen enden in der 2. Spalte immer auf **m**.

5 Setzt die passenden Artikel ein. Schreibt die Sätze auf und ersetzt das hintere Satzglied durch ein Pronomen. Was fällt euch auf?

Wir kaufen	☐	Hund.	Das Buch gehört	☐	Kind.
Ich brauche	☐	Mantel.	Ich gratuliere	☐	Opa.
Sie sucht	☐	Ring.	Sie vertraut	☐	Vater.
Er trägt	☐	Hut.	Er antwortet	☐	Lehrer.

6 Setze passend ein: **einem** oder **einen**, **ihm** oder **ihn**?

Mehmet kauft ein Buch. Er schenkt es ____________ Jungen zum Geburtstag.

Er gratuliert ____________ ganz herzlich. Im Garten verstecken die Kinder

____________ Ball. Wer sucht ____________?

Abhängigkeit der Satzglieder vom Prädikat (Verb) erkennen; schwer zu unterscheidende Endungen (m und n) bewusst bei Artikel und Pronomen wahrnehmen; Ersatzprobe durchführen

Sätze mit dass

1 Wann schreibt ihr **dass**? Untersucht diese Sätze.

Ich ärgere mich, dass du immer so grob bist.
Es freut mich, dass du mir geholfen hast.
Ich glaube, dass wir uns bald wieder vertragen werden.
Ich denke, dass du es nicht so gemeint hast.

2 Was hast du herausgefunden? Kreuze an.

- ☐ Der Satzteil vor dem Komma ist länger als der nach dem Komma.
- ☐ Das Wort **dass** schreibt man mit zwei s.
- ☐ Das Wort **dass** steht nach dem Komma.
- ☐ Im ersten Teil des Satzes geht es um *„ich“*, im zweiten Teil um *„einen anderen“*.

Das Wort **dass** verbindet zwei Sätze und steht nach dem Komma.
Im ersten Satzteil steht oft, was ich glaube, fühle oder denke:
Ich glaube, dass … *Ich fühle, dass …* *Ich denke, dass …*

3 Schreibe Sätze mit diesen Satzanfängen.

Ich meine, dass …
Ich finde es schön/schlecht/lustig, dass …
Ich träume davon, dass …

4 Vergleicht eure Meinungen und Träume. Tauscht euch in der Klasse aus.

5 Ergänze die Satzteile aus Aufgabe 1: *Ich ärgere mich, dass …*

Sprache gezielt untersuchen: Funktion und Merkmale von „dass“ in prototypischen Sätzen (Ko-Konstruktion) erkennen und anwenden

Sätze mit man

1 Ersetze **man** durch „jeder" oder „ich".

Im Winter zieht man sich warm an.

Wenn man erwachsen ist, muss man arbeiten.

Nomen schreibt man groß.

Das kleine Wort **man** kommt häufig vor. Damit sind meist *„alle Leute"* gemeint. Es wird aber auch für *„ich"* oder *„du"* verwendet:
Das macht man so.
Das heißt, das machen alle Leute so. Das heißt aber auch, das soll oder muss ich so machen.

2 Ordne zu, wie **man** ersetzt werden kann. Schreibe die neuen Sätze auf.

Am Tag soll **man** 3 Liter trinken. → soll ich	du darfst nicht
Das darf **man** nicht!	kein Mensch
Man erfindet ständig neue Dinge.	soll ich
Schimpfwörter benutzt **man** nicht!	die Wissenschaft

3 Ersetze **man** sinnvoll und schreibe die Sätze neu auf.

Heutzutage fährt man nicht mehr mit der Kutsche. Man fährt meist mit dem Auto oder Zug. Man kann auch mit dem Fahrrad fahren. Das konnte man früher auch schon.

1 Setze die Silbenbögen.

beten	Widder	reden	Spucke	Ratten	hacken
wieder	spuken	Haken	raten	Betten	retten

2 Ordne die Wörter alphabetisch in die richtige Spalte.

offene 1. Silbe	geschlossene 1. Silbe
beten	Betten

3 Vergleicht die Wortpaare aus Aufgabe 2. Warum schreibt ihr die Wörter in der rechten Spalte mit doppeltem Konsonanten oder ck? Erklärt.

4 Verlängere die Wörter und schreibe sie getrennt auf.

er sitzt	schnell	schlimm	er versteckt	
er will	er soll	er erschreckt	nett	
er kann	er muss	dünn	nass	
nackt	er isst	dumm	dick	hell

5 Schreibe mit den Wörtern aus Aufgabe 4 Sätze.

6 Markiere in Aufgabe 4 die Adjektive und Verben mit verschiedenen Farben.

Wiederholen: offene und geschlossene erste Silbe, Silben, Klangunterschiede der Vokale (Qualität und Länge) zur Schreibung der Doppelkonsonanz bzw. ck; Verlängern als Rechtschreibstrategie; Üben: Wortarten unterscheiden

Wortzerlegungen

1 Könnt ihr Lena helfen? Erklärt, warum man Druckknopf mit **ck** schreibt.

2 Was hast du herausgefunden? Kreuze an.

- ☐ Wenn ich das Wort zerlege, erkenne ich: Da sind zwei Teile – *Druck* und *Knopf*.
- ☐ Das **u** in *Druck* klingt wie in einer geschlossenen Silbe.
- ☐ Das **u** in *Druck* klingt lang und klar.
- ☐ Wenn ich das Wort zerlege und verlängere, erkenne ich: *Druck* → *drücken*.
- ☐ Wenn ich das Wort in Silben trenne, merke ich: *drücken* hat ein Silbengelenk, ich schreibe **ck**.

3 Ordne die Wörter.

schutzbedürftig	schrecklich	Schützenkönig	schwimmen
Schutz	Schwimmreifen	Schreck	Schwimmbad
sommerlich	verschrecken	Badesommer	Schutzhütte
abschrecken	Sommer	erschrecken	schützen

4 Vergleicht eure Lösungen. Wonach habt ihr geordnet? Beschreibt genau.

5 Unterstreiche alle Wörter aus Aufgabe 3, die du zerlegen und verlängern musst, um das Silbengelenk zu bemerken.

6 Was haben schützen und scherzen gemeinsam?

Worin unterscheiden sie sich? Erklärt.

Üben: Zerlegen und Verlängern von Wörtern mit Silbengelenken; unterschiedliche Rechtschreibprinzipien nutzen, begründete Ordnungen finden (Ko-Konstruktion); Sprache untersuchen und begründen: Wörter mit tz und z vergleichen (Ko-Konstruktion)

Auslautverhärtung in Wortfamilien

1 Markiere Wörter einer Wortfamilie mit der gleichen Farbe. Schreibe die Wörter nach Wortfamilien geordnet auf.

Berggipfel	Steigbügel	Abende	runde	fremdartig	Berge
steigen	Rundbogen	fremde	Erlaubnis	erlauben	abends

2 Markiere bei den Wörtern aus Aufgabe 1 schwierige Stellen. Beweise durch Verlängern, dass die Form richtig ist. Schreibe so: *Erlaubnis ← erlauben*

3 Diese Wörter musst du erst zerlegen. Schreibe die Wörter zusammen mit dem Wort auf, das dir für die schwierige Stelle hilft.

Frem**d**sprache	Luf**t**fahrt
Aben**d**brot	Ber**g**steiger

4 Ordne diese Wörter.

Gesundheit	Schreibzeug	goldig	Fußweg	binden
Schreibgerät	ungesund	Wegkreuz	Skibindung	Gold
verbindlich	Goldfaden	Schreibweise	gesund	Atemweg

5 Vergleicht eure Lösungen. Wonach habt ihr geordnet? Beschreibt genau.

6 Welche Wörter aus Aufgabe 4 musst du erst zerlegen? Schreibe diese Wörter zusammen mit dem Wort auf, das dir hilft.

Rechtschreibstrategie: Zerlegen und Verlängern zum Erkennen von Auslautverhärtung anwenden; unterschiedliche Rechtschreibprinzipien nutzen, begründete Ordnungen finden (Ko-Konstruktion)

1 Markiere den richtigen Buchstaben. Schreibe getrennt oder das Wort auf, das dir hilft.

Ho(f/ff)nung		We(l/ll)tuntergang	
We(l/ll)e		Su(p/pp)enschüssel	
La(m/mm)		a(l/ll)gemein	

2 Finde den Fehler und streiche ihn an. Schreibe das Wort auf, das dir hilft.

Aben~~t~~essen (d)	*Abende*	Wursdplatte	
dum		Geltautomat	
kom		Runtlauf	
Berkstiefel		schnel	
schlim		Nachdfalter	

3 Schreibe Wörter auf, bei denen du in letzter Zeit unsicher warst, wie man sie richtig schreibt. Unterstreiche die schwierige Stelle.

4 Überprüfe die unterstrichenen Wörter. Wenn du einen Fehler findest, berichtige ihn. Schreibe den Text fehlerlos auf.

Wir <u>renen</u> in mein <u>Zimer</u>, <u>knallen</u> die <u>Türr</u> zu und <u>springen</u> herum. <u>Plötzlich</u> <u>schnapt</u> Tim sich meine <u>Samelkarten</u> vom <u>Bücherbret</u> und <u>wirfft</u> sie herum. Ich schreie <u>ihm</u> an, <u>das</u> er aufhören <u>sol</u>: „<u>Mann</u> darf das nicht!“

Rechtschreibsicherheit durch gezieltes Zweifeln entwickeln: Arbeitstechniken und Rechtschreibstrategien verbinden; Aufbau von Fehlerbewusstsein

Test 5: Pronomen, dass, man, Doppelkonsonant, Auslautverhärtung

1 Ersetze die unterstrichenen Wörter durch Pronomen.

Die Gazelle sieht einen Feind.	Die Gazelle sieht ________.
Alle Tiere fliehen vor dem Schakal.	Alle Tiere fliehen vor ________.
Die Mutter bringt den Kindern Futter.	Die Mutter bringt ________ Futter.

2 Finde die falsch geschriebenen Wörter und schreibe die Sätze richtig auf.

Ich wünsche mir, das Mama das Auto gewinnt. (1 F.)

In der Kirche muss Mann leise sein, wenn eine Frau und ein Mann heiraten. (1 F.)

3 Ergänze: **t** oder **tt**?

Meine Mu__er sagt, dass ich heute mu__ig war in den Bergen. Wenn wir in den Be__en liegen, be__en wir immer noch gemeinsam. Morgen packen wir unsere Jacken, Hü__e und Rucksäcke ein und klettern wieder zur alten Hü__e.

4 Setze den richtigen Buchstaben ein.

Lena und Mehmet machen eine Urlau__(b/p)sreise. Der Zu__(g/k)führer sucht das Han__(d/t)buch und den Wer__(g/k)zeu__(g/k)kasten, denn die Lo__(g/k) steht still. Nun kann es losgehen! Lena sieht einen We__(g/k)weiser. Bald sind sie an der Nor__(d/t)see und am San__(d/t)strand.

Ich kann schon ...	ja	nein	So will ich noch üben
... Pronomen.	☐	☐	S. 78 1
... Sätze mit **dass** und **man**.	☐	☐	S. 78 2, 16
... Wörter mit Doppelkonsonanten.	☐	☐	S. 78 3
... Wörter mit Auslautverhärtung.	☐	☐	18
... alles!	☺		S. 78 4

Überprüfen und Einschätzen des eigenen Lernerfolges zu: Pronomen ihn, ihm, ihr, dass, man, Wörtern mit Doppelkonsonanten, Auslautverhärtung; angemessene Lern- und Übungsziele setzen: über Lernen sprechen

Weiterüben nach Test 5

1 Schreibe die Sätze ab. Unterstreiche die Wörter, die das Pronomen ersetzt.

Tom füttert den Hund.	Tom füttert <u>ihn</u>.
Mehmet gibt dem Hund frisches Wasser.	Mehmet gibt <u>ihm</u> frisches Wasser.
Lena geht mit Tom und Mehmet spazieren.	Lena geht mit <u>ihnen</u> spazieren.

2 Ersetze **man** in den Sätzen durch „jeder“ oder „ich“.
Schreibe beide Satzpaare auf.

In der Schule muss man leise sein. Die Jacke soll man an den Haken hängen. Am Morgen darf man noch lesen oder spielen. Im Unterricht kann man viel lernen.

3 Verbinde die verwandten Wörter. Schreibe die Paare auf.

er kommt	Bettdecke	schnell	er isst	Stellwand	schlimm
Betten	schnelle	kommen	stellen	schlimme	essen

4 Setze den richtigen Buchstaben ein.

Auf Entdeckun__(g/k)sreise

Der kleine Inuit packt seine Bro__(d/t)zeit und schnappt sich das Fahrra__(d/t). Auf einmal kracht es! Die Eisscholle beschädi__(g/k)t sein Vorderra__(d/t). Nun hat er einen Pla__(t/tt)en! Leider hat er weder Flickmaterial noch eine Luf__(d/t)pumpe mit. Nachdem er fünf Minuten mühsam durch den Schnee gestapft ist, trifft er an der Lan__(d/t)zunge auf den alten Postbo__(d/t)en Knut, der ihn auf seinem Hun__(d/t)eschlitten mitnimmt. Er verfällt in einen schönen Ta__(g/k)traum: Da liegt er auf einer Stran__(d/t)matte am warmen San__(d/t)stran__(d/t) in Fantasialan__(d/t).

Manche Wörter werden besonders geschrieben.
Sie haben schwierige Stellen, die du dir merken musst.

Solche besonderen Wörter kannst du üben:

Kreise die besondere Stelle im Wort ein.
Sprich die Besonderheit. *„Stadt" mit dt.*
Schreibe das Wort.
Suche verwandte Wörter aus der Wortfamilie. *Stadt: Stadtzentrum, Hauptstadt ...*

Übe die besonderen Wörter jeden Tag 10 Minuten:

1. Tag Kreise die besondere Stelle ein und schreibe das Wort einmal ab.
So entsteht deine Übungsliste.
Übe alle verwandten Formen: *erzählen, er erzählt, die Erzählung*

2. und 3. Tag Überlege: An welche Wörter erinnerst du dich?
Schau sie dir alle an und schreibe sie auswendig auf.
Kontrolliere, ob du alle Wörter richtig geschrieben hast.

4. Tag Schreibe die Liste neu. Beginne mit den Wörtern vom Ende deiner Liste. Lies die Wörter und schreibe sie einmal ab.

5. Tag Überlege: Welche Wörter weißt du noch?
Übe die Wörter, die du vergessen hattest.
Schreibe jedes Wort dreimal auf.

Haar
Meer
Schnee
See

1 Gestalte mit den Wörtern Wortbilder.

Haar | Boot | Fee | Schnee

Es gibt nur sehr wenige Wörter, die einen doppelten Vokal haben.
Ich muss sie mir merken. Zum Beispiel:
das Haar, das Meer, das Moos, der Schnee, der See.

2 Ordne die Wörter in die Tabelle.

Saal | See | Moos | Haar | Waage | Tee | Moor | Zoo | Meer

aa	ee	oo

3 Gibt es auch Wörter mit **uu** und **ii**? ☐ ja ☐ nein

4 Übe die Wörter mit doppeltem Vokal, wie du es auf Seite 79 gelernt hast.

Stadt
verwandt

1 Markiere Wörter einer Wortfamilie jeweils mit der gleichen Farbe.

Stadt	Großstadt	verwandt	städtisch	Stadtmauer
Verwandter	Verwandtschaft	Altstadt	verwandtschaftlich	
wesensverwandt	Stadtpark	Verwandtschaftsbeziehung		

2 Schreibe die Wörter aus Aufgabe 1 nach Wortfamilien geordnet ab.

3 Markiere in den Wörtern aus Aufgabe 2 die Wortbausteine. Schreibe so: *ver|wandt*.

4 Übe die Wörter mit **dt**, wie du es auf Seite 79 gelernt hast.

5 Ein Wort passt nicht in die Reihe. Streicht es durch und begründet.

Stadtteil	Bildtafel	Altstadtfest	Verwandtenbesuch

6 Wähle sechs Wörter von dieser Seite und schreibe mit ihnen Sätze.

Wörter mit dt aus dem Grundwortschatz richtig schreiben; Sprache untersuchen und begründen: „Einer raus“ (Ko-Konstruktion)

Besondere Wörter mit V/v

1 Schreibe die Wörter ab. Unterstreiche das Wort, bei dem **V/v** nicht wie f klingt.

vielleicht | vier | voll | viel

Vase | Vater | Vogel | vor

vielleicht
vier
voll

2 Finde weitere Wörter mit **V/v** und schreibe sie auf.

3 Markiere die Vorsilben **ver**- und **vor**-. Schreibe mit den Verbpaaren Sätze.

verfahren – vorfahren
verrücken – vorrücken
verspielen – vorspielen
verlassen – vorlassen

4 Ordne diese Wörter.

verlieren	verstecken	vorspringen	verkaufen
vergessen	vorgehen	Versteck	Vergesslichkeit
Verkäufer	Verlierer	vorstehen	Vorsprung
Vorstand	Vorgang		

5 Vergleicht eure Lösungen. Wonach habt ihr geordnet? Beschreibt genau.

6 Übe die Wörter mit **V/v**, wie du es auf Seite 79 gelernt hast.

Wörter mit V/v aus dem Grundwortschatz richtig schreiben; unterschiedliche Rechtschreibprinzipien nutzen, begründete Ordnungen finden (Ko-Konstruktion)

1 Kreise in jedem Wort das **h** mit dem Vokal davor ein.
Schreibe die Wörter ab.

fahren, Jahr, wahr,
zehn, Frühling, Uhr,
Zahn, erzählen

erzählen
fahren
Jahr
wahr
zehn

2 Decke die Wörter aus Aufgabe 1 ab und schreibe sie auswendig auf.
Kontrolliere und ergänze, was du vergessen hattest.

3 Übe die Wörter mit Dehnungs-**h**, wie du es auf Seite 79 gelernt hast.

4 Kreise den Wortstamm ein.

Zahl	zählen
erzählen	zahlen

5 Schreibe zu jedem Wort aus Aufgabe 4 einen Satz.

Besondere Wörter mit Dehnungs-h: Wortfamilie

1 Kreise in jedem Wort das **h** und den Vokal davor ein.

Fahrrad	jährlich	Milchzahn	wahrlich
Wahrheit	Fahrkarte	Gefahr	wahrhaftig
zahnlos	Jahrestag	Giftzahn	achtjährig
Zahnarzt	gefährlich	Jahreszeit	wahrscheinlich

2 Ordne die Wörter aus Aufgabe 1.

3 Vergleicht eure Lösungen. Wonach habt ihr geordnet? Beschreibt genau.

4 Schreibe alle Adjektive aus Aufgabe 1 auf.

5 Schreibe alle zusammengesetzten Nomen aus Aufgabe 1 heraus, die zwei Wortstämme haben.

6 Bilde mit den Vorsilben neue Verben und schreibe mit ihnen Sätze.

ab- an- auf- be- ent- vor-

\+ **fahren** \+ **nehmen**

7 Ein Wort passt nicht in die Reihe. Streicht es durch und begründet.

Eieruhr | Damenuhr | Buhruf | Uhrzeit

Wörter mit Dehnungs-h aus dem Grundwortschatz in Wortfamilien üben, unterschiedliche Rechtschreibprinzipien nutzen, begründete Ordnungen finden (Ko-Konstruktion); Sprache untersuchen und begründen: „Einer raus“ (Ko-Konstruktion)

Christ
Handy
Pizza
Skizze

1 Schreibe die Fremdwörter mit **C** oder **Ch** am Anfang auf. Unterstreiche die schwierige Stelle.

Ich spreche: *Klaun* *Kompjuter* *Sent* *Kristkind*

Ich schreibe: ______ ______ ______ ______

2 Ordne die Fremdwörter nach: **C**, **Ch**, **y** und **zz**.

Cent | Baby | Pizza | Christ | Party
Skizze | Computer | Handy | Christbaum
Pizzaservice | Christkind | Clown

3 Übe die Fremdwörter mit **C**, **Ch**, **y** und **zz**, wie du es auf Seite 79 gelernt hast.

4 Ordne die Fremdwörter aus Aufgabe 2 der richtigen Bedeutung zu.

kleinstes Geldstück ______ Kleinkind ______
ausgelassenes Fest ______ Rechner ______
schnurloses Telefon ______ bringt die Pizza ______

Fremdwörter mit langem i-Laut

1 Verbinde die englischen und die deutschen Wörter.

Tiger
Familie
Maschine

Baby | Tiger | Maschine | Familie | Party

machine | baby | party | tiger | family

2 Vergleicht die beiden Sprachen. Was fällt euch auf?
Tauscht euch in der Klasse aus.

3 Ordne die Fremdwörter in die Tabelle.

Nilpferd | Maschine | Benzin | Krokodil | Lawine | Ruine

Tiger | Vitamin | Medizin

Tiere aus fremden Ländern	Nachsilbe **-ine**	Nachsilbe **-in**

Wenn Wörter aus einer fremden Sprache kommen, wird der lange **i**-Laut am Silbenende mit einfachem **i** geschrieben:
der Ti-ger, die Maschi-ne, die Fami-lie.

4 Schreibe mit diesen Fremdwörtern Sätze. Markiere sie in deinen Sätzen.

Ruine | Kabine | Rosine | Violine | Mandarine | Aubergine

5 Übe die Fremdwörter mit langem **i**-Laut, wie du es auf Seite 79 gelernt hast.

Fremdwörter mit langem i-Laut aus dem Grundwortschatz richtig schreiben; Sprache untersuchen (Ko-Konstruktion)

1 Trage die Wörter in die Tabelle ein.
Markiere die schwierige Stelle.

Laib
Käfer
Käfig
Märchen
Taxi
Text

 Laib  Hai  Kaiser  Mai

 Taxi  Text  Hexe 

Lexikon

 Käfer  Käfig  Märchen  Mädchen

Wörter mit **ai**	Wörter mit **ä**	Wörter mit **x**

2 Übe die Wörter mit **ai**, **ä** ohne Ableitung und **x**, wie du es auf Seite 79 gelernt hast.

3 Suche zu jedem Wort mit **ai** aus Aufgabe 1 ein zusammengesetztes Nomen.

4 Schreibe mit diesen Wörtern Sätze.

Käfer Käfig Märchen

5 Was haben verhexen und hexen gemeinsam? Worin unterscheiden sie sich? Erklärt.

Fuchs
sechs

1 Was haben alle diese Tiere gemeinsam?

Fuchs	Eidechse	Dachs	Lachs	Luchs	Ochse

2 Schreibe die Namen aller Tiere aus Aufgabe 1 ab. Kreise das **chs** ein.

3 Welche Tiernamen reimen sich? Schreibe die Reimpaare auf.

4 Übe die Wörter mit **chs**, wie du es auf Seite 79 gelernt hast.

5 Finde in jedem Satz vier Fehler.
Schreibe die Sätze richtig auf.

Achte auf die Großschreibung auch am Satzanfang.

im fuchsbau ist ein fuchs mit der Füxin.

ein mädchen hat fuksrote haare.

der Okse zieht den Schweren karren.

Seks Laxe und fier Forellen fuhren taxi.

Wörter mit chs (/ks/-Laut) aus dem Grundwortschatz richtig schreiben

Besondere Wörter mit ß

1 Schreibe die zweisilbige Form der Wörter getrennt auf.

die Straße – die Straßen | heißen – er heißt | außer | draußen | groß – größer | der Fuß – die Füße

außer
draußen
heißen
Straße

2 Untersucht die Wörter aus Aufgabe 1. Was fällt euch auf?

3 Was hast du herausgefunden? Kreuze an.

- ☐ Alle Wörter haben ein **ß**.
- ☐ Das **ß** steht bei den Wörtern am Anfang der zweiten Silbe.
- ☐ Die erste Silbe ist geschlossen.
- ☐ Die erste Silbe ist offen.
- ☐ Der Vokal in der ersten Silbe klingt lang und klar.

4 Übe die Wörter mit **ß**, wie du es auf Seite 79 gelernt hast.

5 Schreibe die Wörter nach Wortfamilien geordnet auf.

groß | Fußboden | Straße | Hauptstraße | Fußball | barfuß | Nebenstraße | Fußgänger | Fuß | Größe | Größenwahn | Großstadt | vergrößern | Straßenbahn | Schuhgröße

6 Schreibe alle zusammengesetzten Nomen aus Aufgabe 5 mit Artikel auf.

7 Was haben „der heiße Ofen“ und „Ich heiße Tom.“ gemeinsam?

Worin unterscheiden sie sich? Erklärt.

Sprache gezielt untersuchen: Wörter mit ß (Ko-Konstruktion); Wörter mit ß aus dem Grundwortschatz richtig schreiben;
Sprache untersuchen und begründen: Wortgruppen vergleichen (Ko-Konstruktion)

1 Schreibe die Wörter mit **x** oder **chs**.

2 Auch hier kann man zweifeln. Wie beginnen die Wörter? Wenn du nicht sicher bist, dann schau im Wörterbuch nach. Schreibe das Wort richtig auf.

C / K lown	Ch / Sch ampignon
Ch / K rist	C / K atastrophe
C / S ity	Ch / Sch ance
C / S ent	C / K omputer

3 Schreibe Wörter auf, bei denen du in letzter Zeit unsicher warst, wie man sie richtig schreibt. Unterstreiche die schwierige Stelle.

4 Finde die Fehler und berichtige sie. Schreibe den Text richtig auf.

Vorsicht, Tieger entflohen! (1 F.)

Heute, am früen Morgen um seks Ur, ist ein Tigerbabi aus dem Zo verschwunden. (5 F.) Der Kefig stand offen. (1 F.) Verschiedene Personen wollen den Tiger drausen in der Statt gesehen haben. (2 F.) Er stand an der Strase und ist in das nächste Takxi gesprungen. (2 F.) Eine Famielie fotografierte diese unglaubliche Situation sogar mit ihrem Händy. (2 F.) Wer glaubt da noch, ich erzäle Merchen oder Qatsch? (3 F.)

Rechtschreibsicherheit durch gezieltes Zweifeln entwickeln, Arbeitstechniken nutzen; Aufbau von Fehlerbewusstsein

Test 6: Besondere Wörter, Fehler finden und berichtigen

1 Schreibe die Wörter auf.

   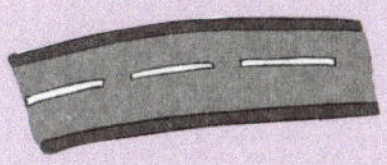

2 Ergänze: **F/f** oder **V/v**?

__ielleicht	__ier	__oll	__remd	__iel	__erstecken
__ase	__orne	__ater	__ogel	__or	__erlieren
__allen	__on	__erkäufer	__om	__rau	__ergessen

3 Finde in jedem Satz zwei Fehler. Streiche sie an.

In einer Grosstadt gibt es viele Strasenkreuzungen. Viele Fussgänger faren mit den U-Bahnen. Drausen sten schon die Taxis bereit. Unter der Banhofsuhr warten schon meine Verwanten auf mich.

Ich kann schon ...	ja	nein	So will ich noch üben
... besondere Wörter sicher schreiben.	☐	☐	S. 92 ◇1 und ◇2, 8
... Verben mit **ver**- und **vor**-.	☐	☐	S. 92 ◇3
... Fehler in Texten finden.	☐	☐	S. 92 ◇4
... alles!	☺		S. 92 ◇5

Überprüfen und Einschätzen des eigenen Lernerfolges zu: Wörtern mit Doppelvokal, dt, V/v, h in der Mitte, Fremdwörter, ai, ä, y, zz, chs, ß; Fehlerdiagnose; angemessene Lern- und Übungsziele setzen: über Lernen sprechen

Weiterüben nach Test 6

1 Schreibe deine Fehlerwörter von Seite 91, Aufgabe 1 sorgfältig auf. Kreise die schwierigen Stellen ein.

2 Schreibe deine Fehlerwörter auf Kärtchen. Male ein passendes Bild dazu.

3 Unterstreiche alle Verben mit **ver**- und **vor**-. Schreibe sie in der Grundform auf. Suche weitere Verben mit **ver**- und **vor**- und schreibe sie auf.

Heute Morgen hat sich Oma verfahren. Zum Glück war Papa mit uns schon vorgefahren. Oma sollte nämlich in der Schule vorlesen. Aber leider hatte sie ihre Brille vergessen, deshalb hat sie sich oft verlesen. Da hat sie uns einfach ein Gedicht vorgetragen. Oma hat sich verbeugt und uns schon wieder verlassen. Ich konnte sie noch verabschieden. Den Tag werden wir nicht vergessen!

4 Finde die Fehler und berichtige sie. Schreibe die Sätze richtig auf.

Mein Bruda will nicht draussen spielen. Er sitzt nur am Kompjuter oder telefoniert mit dem Händi. Meine Famielie wont in der Statd an einer grosen Strasse.

5 Markiere Wörter einer Wortfamilie mit der gleichen Farbe. Schreibe die Wörter nach Wortfamilien geordnet auf.

Christkind	bewahren	städtisch	Erzählung	Christen
Stadt	erzählfreudig	christlich	befahren	Wahrheit
verwandt	Fahrer	wahr	Christbaum	Erzähler
erzählen	Stadtpark	Verwandte	Fahrrad	unwahr
fahren	Verwandtschaft	Großstadt	seelenverwandt	

Vertiefendes Üben zu: Wörtern mit Doppelvokal, dt, V/v, Dehnungs-h, Fremdwörter, ai, ä, y, zz, chs, ß und Fehlerdiagnose

Alphabet: Nachschlagen

1 Welches Wort steht im Wörterverzeichnis vor dem Wort?

	Fisch		Loch
	Mensch		springen
	weinen		zielen

2 Ordne die Wörter nach dem Alphabet.

vielleicht | Handy | Familie | Märchen | Laib | wahr | Christ | Pizza

3 Unterstreiche Wörter mit gleichem Anfangsbuchstaben in der gleichen Farbe. Ordne nach dem Alphabet.

Taxi | vier | vor | Käfig | voll | Text | See | verwandt | Skizze | Schnee | Käfer | Stadt

4 Zerlege die Nomen und suche im Wörterbuch die einzelnen Wörter.

zusammengesetztes Nomen	erstes Nomen	Seite	zweites Nomen	Seite
Saftorange				
Katzenfutter				
Paddelboot				
Lieblingspony				
Strandurlaub				
Großstadt				

Verbindlicher Wortschatz: Individuell erweiterbar

Diese Wörter brauchst du oft:
ab, bin, bis, bist, dann, hier, hin, immer, ins, man, nicht – nichts, nie, nur, ob, oft, sehr, voll, wann, warum, wenig, wie, wieder, zu, zuletzt, zusammen

Diese Wörter verändern sich im Satz:
am – an, dein – deinem – deinen, dem – den, dies – diesem – diesen, ein – einem – einen, euer – eurem – euren, ganz – ganzem – ganzen, ihm – ihn – ihnen, ihr – ihre – ihrem – ihren, im – in, jede – jedem – jeden, kein – keinem – keinen, mein – meinem – meinen, mich – mir, sein – seinem – seinen, seit, uns – unserem – unseren, vom – von, welche – welchem – welchen, wem – wen, zu – zum – zur

Diese Wörter trennst du am Zeilenende nach Schreibsilben:
Boden, Ding, etwas, Finger, Fisch, Flasche, gegen, gehören, genau, gerade, Geschichte, Gesicht, gleich, Hals, helfen, heute, lachen, Licht, Loch, Luft, machen, Mensch, Milch, Nase, neben, neu, oben, reich, reiten, Sache, schenken, schlecht, Seite, sprechen, springen, Stein, tanken, Tasche, Wagen, weinen, Woche, Zeitung

Wörter mit silbentrennendem h: blühen, drehen, gehen, Kuh – Kühe, Schuh – Schuhe, sehen, stehen, Zeh – Zehen

Wörter mit schwer hörbarem r: Arm, Dorf, dort, Eltern, Erde, erst, gern, gestern, kurz, merken, morgen, schwer, sofort, stark, Tür, werfen, Wurst

Wörter mit Umlauten: alt – älter, Ast – Äste, lang – länger, laufen – läuft, Nacht – Nächte, Saft – Säfte

den Modellwortschatz nach orthografischen Regeln und Rechtschreibprinzipien sammeln und durchdringen; durch Ergänzen eigener Wörter zum individuellen Wortschatz gelangen

Wörter mit b, d, g am Ende, die wie p, t, k klingen: Abend – Abende – abends, Berg – Berge, erlauben – erlaubt, fremd – fremder, Geld – Gelder, lieben – liebt, liegen – liegt, rund – runder, steigen – steigt, werden – wird

Wörter, bei denen dir verwandte Wörter besonders helfen:
Arzt – Ärzte, backen – Bäcker, Band – Bänder, Hand – Hände, kaufen – Verkäufer, Land – Länder, lassen – lässt, Mann – Männer, Rad – Räder, Saft – Säfte, stark – stärker, Wald – Wälder

Wörter mit ck: Glück – glücklich, Schreck – erschrecken, Stück, verstecken, zurück

Wörter mit -ie: Beispiel, Brief – Briefe, geschrieben, lesen – liest, nie – niemals, riechen – riecht, schieben – schiebt, schwierig, tief – tiefer, Tier – Tiere, verlieren, ziehen – zieht, zielen – zielt, Zwiebel

Wörter mit Doppelkonsonant: dumm, essen, kommen, schlimm, schwimmen, schnell, stellen, vergessen, Zimmer, zusammen

den Modellwortschatz nach orthografischen Regeln und Rechtschreibprinzipien sammeln und durchdringen; durch Ergänzen eigener Wörter zum individuellen Wortschatz gelangen

Wörter mit tz: Pfütze, Platz, plötzlich, schützen

Verben, bei denen sich in der Vergangenheit der Vokal ändert:
bleiben – blieben, essen – aßen, fallen – fielen, geben – gaben, gehen – gingen, halten – hielten, heißen – hießen, kommen – kamen, können – konnten, lassen – ließen, laufen – liefen, lesen – liest – lasen, liegen – lagen, müssen – mussten, rufen – riefen, scheinen – schienen, schieben – schoben, singen – sangen, sitzen – saßen, schlafen – schliefen, schneiden – schnitten, schreiben – schrieben, steigen – stiegen, schwimmen – schwammen, tragen – trugen, trinken – tranken, vergessen – vergaßen, ziehen – zogen

Besondere Wörter und Fremdwörter: Haar, Meer, Schnee, See, Stadt, verwandt, vielleicht, vier, voll, erzählen, fahren, wahr, zehn, Christ, Handy, Pizza, Skizze, Tiger, Maschine, Familie, Laib, Käfer, Käfig, Märchen, Fuchs, links, Taxi, Text, sechs, außer, draußen, heißen, Straße

den Modellwortschatz nach orthografischen Regeln und Rechtschreibprinzipien sammeln und durchdringen; durch Ergänzen eigener Wörter zum individuellen Wortschatz gelangen